普通高中信息技术教学指导丛书

信息时代·信息素养

熊 璋 李 锋 编著

人民教育出版社
·北京·

图书在版编目（CIP）数据

信息时代·信息素养/熊璋，李锋编著.—北京：人民教育出版社，2019.7
（普通高中信息技术教学指导丛书）
ISBN 978-7-107-33520-4

Ⅰ.①信… Ⅱ.①熊… ②李… Ⅲ.①抟算机课—高中—教学参考资料
Ⅳ.① G633.673

中国版本图书馆 CIP 数据核字（2019）第 133649 号

本套丛书是上海市"立德树人"人文社会科学重点研究基地——信息科技教育教学研究基地研究成果。

普通高中信息技术教学指导丛书　信息时代·信息素养

出版发行		人民教育出版社
		（北京市海淀区中关村南大街 17 号院 1 号楼　邮编：100081）
网	址	http://www.pep.com.cn
经	销	全国新华书店
印	刷	保定市中画美凯印刷有限公司
版	次	2019 年 7 月第 1 版
印	次	2019 年 8 月第 1 次印刷
开	本	890 毫米 ×1240 毫米　1/32
印	张	4.625
字	数	110 千字
定	价	21.80 元

版权所有·未经许可不得采用任何方式擅自复制或使用本产品任何部分·违者必究
如发现内容质量问题、印装质量问题，请与本社联系。电话：400-810-5788

序一

2003年，教育部颁布《普通高中技术课程标准（实验）》，信息技术作为一门独立开设的课程，正式进入我国高中课程体系。2013年，教育部基教二司（即后来的教材局）开始调研并组建各个学科的课程标准修订专家组，启动了工程浩大的普通高中各学科课程标准修订工作。记得是在2014年12月7日召开的普通高中课程标准修订工作启动会上，我结缘了同为专家组成员的北京航空航天大学计算机专业的熊璋教授，并从此开始了多年的合作。

毋庸置疑，信息技术作为一门独立的普通高中课程，对推动我国普通高中信息技术教育的发展、提升高中学生的信息素养、帮助他们适应信息时代的学习和生活，发挥了至关重要的作用。在课标修订工作启动之初，我们面临的是，数字技术在多年的发展中取得了革命性进展，云计算、移动互联、智能终端、大数据、人工智能等技术应用进入人们的日常生活，改变了知识获取、社会交往等学习、工作和生活的方式，课程实施的外部条件和内部动力都发生了巨大改变。客观上，我们对"信息素养"的理解需要调整和更新，达成新的共识。长期以来，信息技术课程教学实践被诟病为软件步骤操练与基本知识记忆，使得我国数字化人才培养的路子偏离为培养电脑操作工，这种现象迫切需要得到纠正。学科概念的界定亟需跟上时代的发展，知识体系应该更加完善。只有这样，高中信息技术课程体系设计才具备可靠的学术保障，信息技术学科才能解决"立身"的问题。

在课标修订过程中，我们总结了过去十多年来高中信息技术课程实施中的得与失，在发展中国学生核心素养的总体指导下，借鉴国内外的先进理念和经验，提炼学科核心素养，界定学科大概念。在此基础上，设计课程结构、课程内容，提出学业质量要求与实施建议。在每一个工作阶段，作为一名活跃在计算机应用领域、参与过许多重大项目的顶尖专家，熊璋教授站在专业人才培养和全民信息素养提升的角度，都力主一定要将最能反映学科特性的知识和素养落实在课标中。凡是涉及计算机学科概念的部分，多数情况下组内专家都会不约而同地请他把关，力求保证科学性与严谨性。这时的他，在我眼里是一位对科学真知孜孜以求的科学家。

随着2018年1月《普通高中信息技术课程标准（2017年版）》的正式颁布，课标修订工作告一段落。熊璋作为课标组核心成员，经常被邀请到各地对一线教师进行指导；同时，他被聘为国家教材委员会科学学科专家委员会委员，开始了普通高中信息技术教材的审查工作。在这期间，他经常和我联系，谈及在交流与审查过程中遇到的各种问题。例如：对学科素养的理解不到位，对学科各级概念的认识模糊，淡化软件操作等基本应用后的教学迷航，对算法的强调使教学中出现了培养"码农"的苗头，新内容缺乏有效的教学案例，等等。熊璋认为这些问题最终会影响如何培养信息时代"原住民"的信息素养，乃至如何落实立德树人的教育目标。熊璋是个急性子，想到这些问题就心急如焚。近期，他已经把这些思考组织成系统表述，在人民网连续刊载呼吁："编程热引发思考：推动信息素养教育刻不容缓""稳步推进信息素养教育，大胆尝试科学的评价""普通高中信息技术课程不是培养'码农'的教育""充分利用人工智能促进教育公平"等，提醒有关部门和公众认识真正的信息技术教育。这时的他，在我眼中是一位专注于传播与普及信息技术的科学教育家。

熊璋并未止于呼吁，同时，他撸起袖子开始编写一套既能解读课标内容，又能辅助教师教、学生学的指导丛书。他组织了课标组里年轻的专家，大学计算机、通信专业的年轻教授，以及一线教研员、教师，共同编写了这套作品。书中列举了大量祥实的案例，从人们所处的信息时代入手，第一次从从容感、幸福感、使命感、危机感四个方面阐述了学科素养的育人价值；以信息技术学科的核心概念和学科逻辑为依托，厘清了课标中各知识点之间的关联。希望师生在阅读这套丛书后，不但能更好地理解新课标中要求的学科内容，还能将信息素养的理念融会于心。

我感到，基础教育中信息技术学科这几年的一大收获，是得到了像熊璋那样的大学相关学科领域专家的深度投入。他们对于人才培养的站位高，对于学科知识的把握系统且精准，对于学科实践理解深入，这些都是基础教育信息技术学科保障课程质量、保持发展活力的重要源泉。衷心希望有更多的熊璋投入到服务基础教育的工作中来！

任友群

2019年7月

序二

立德树人的教育目标如何落到实处？

素质教育的教育理念如何变为现实？

教育如何适应信息技术的高速发展？

普通高中信息技术教育如何培养全体学生的信息素养？

普通高中信息技术课程怎么教？怎么学？

上述问题是信息技术课程实施中比较突出和集中的问题。身处科学技术，尤其是信息技术推动社会巨大进步的时代，公民的信息素养与人文素养、科学素养同等重要。信息素养是信息社会的公民面对信息发展、信息文明、信息冲击时，保持从容感、幸福感、危机感和使命感的源泉。

2018年初，我国颁布了《普通高中信息技术课程标准（2017年版）》，信息技术课程作为一门提升青少年的信息素养水平、增强新一代在信息社会中的适应力与创造力的基础性科学学科，不再只关注打字、软件操作等基本应用，也不是认准一种语言只关注编程技巧。面对这种变化，普通高中一线教师怎么教、学生怎么学的问题必须得到很好的解答，这是出版"普通高中信息技术教学指导丛书"的初衷。

丛书第1册《信息社会·信息素养》，集中呈现信息社会中信息素养的重要性，基于对信息社会特征的分析，描述信息素养的内涵，明确信息素养教育是提高学生数字化胜任力的必由之路。

丛书第2册到第5册，重点讲解信息素养的四个维度：信息意识、计算思维、数字化学习与创新和信息社会责任，包括信息素养的内涵、育人价值，关键是落实到怎么教、怎么学等内容。

丛书第2册《信息素养·信息意识》，结合实际案例和真实的教学情境，解读信息意识的内涵和意义，解决了"信息意识怎么教"的问题，帮助教师将信息意识教学落到实处。回答了"信息意识怎么学"的问题，告诉学生如何提升自己的信息意识。

丛书第3册《信息素养·计算思维》，通过典型情境，解读具体到抽象的内涵与过程；针对不同问题，介绍从形式化到建立模型的思维方法；结合实际情形，揭示自动化本质；追求鲁棒性，传递容错观念；分解步骤，突出递归价值，说明计算思维如何教。指导学生从日常生活中感知、在实际问题中运用、在跨学科创新中迁移计算思维。

丛书第4册《信息素养·数字化学习与创新》，通过创设数字化学习环境，创新多样教学策略，基于真实情境的产品设计，关注跨学科解决问题，建议数字化学习与创新怎么教，指导学生如何感知、体验、迁移数字化学习与创新。

丛书第5册《信息素养·信息社会责任》，建议超越"说教"的教学组织方式，紧密结合案例，指导学生辨析信息社会责任，使其具有同理心，能扬善避恶，从自身做起，传递正能量，践行信息社会责任。

丛书第6册和第7册，围绕必修模块1"数据与计算"展开，其中第6册《数据与计算·课程设计指导》系统介绍了"数据与计算"相关的核心概念、学科逻辑和教学设计，目的是为教师提供教学设计与实践的方向感和支撑点。第7册《数据与计算·情境与案例》则是一个相关的案例集，详细介绍情境与案例的选择原则和分析角度，探讨典型案例在教学中的运用，针对不同层次、不同区域的师生，提供了多样化的情境与案例。

丛书第8册和第9册，围绕必修模块2"信息系统与社会"展开，其中第8册《信息系统与社会·课程设计指导》系统介绍了"信息系统与社会"相关的核心概念、学科逻辑和教学设计，目的是为教师提供教学设计与实践的方向感和支撑点。第9册《信息系统与社会·情境与案例》则是一个相关的案例集，详细介绍情境与案例的选择原则和分析角度，探讨典型案例在教学中的运用，针对不同层次、不同区域的师生，提供了多样化的情境与案例。

丛书第10册《核心概念解析》是一本工具书，详细解读了本学科的核心概念，包括基本内涵和主要特征等，期望老师和同学不会被一些错误的概念引导。

为了这套丛书的编撰，我们集中了大学计算机学科教授、大学信息技术课程与教学的教授、中学教研员和中学特级教师，在一年多的时间里，不断讨论、推敲，就是希望能给一线老师提供一个面对新课标时靠得住的抓手。

2019年6月

前言

学生学会一些计算机软硬件的操作就是有信息素养了吗？

在日常生活中运用信息技术工具就能够形成信息素养了吗？

随着新一代"数字土著"的成长，信息技术课程就可以在学校取消吗？

近年来，信息技术快速发展和普及，人们越来越容易接触到各种各样的信息技术工具，这在一定程度上提高了人们的信息技能水平，但是也引发了信息技术课程会逐渐消亡的论调。

事实上，信息素养教育绝不仅仅只是要让新一代掌握信息技术知识，会操作软硬件，它更关注学生是否能自觉地、科学地面对现实问题，合理地应用信息技术，不成为技术工具的"奴隶"；使学生关注信息技术与其他领域的融合，不要单纯成为信息技术的"消费者"；塑造学生正确的情感、态度和价值观，能从容、自信、创新、负责任地生活在信息社会中。

综上所述，信息素养教育要让学生具备在信息社会生存的从容感，面对日常挑战和冲击能够从容应对。

信息素养教育要提升学生生存于信息社会的幸福感，使其具有在信息化环境中游刃有余的自信和成就感。

信息素养教育要激发学生对个人和社会发展的危机感，使他们能准确判断自己与社会人才需求的差异，迎头赶上，并积极促进社会的安全和进步。

信息素养教育要启迪学生的使命感，使他们了解信息社会的发展特征，内化所肩负的历史使命。

由此可见，在我国正在努力建设网络强国、数字强国、智慧社会的现阶段，学校信息技术课程不仅不能弱化，而且需要持续加强，并且赋予信息技术课程新时代的新任务。

《信息时代·信息素养》一书在移动通信、大数据、人工智能发展的大背景下，从信息时代的生存需求、信息素养内涵发展、信息素养教育紧迫性三方面分析了新时代加强我国公民信息素养教育的社会环境、学习内容和实施路径。本书共有3章。

第1章，采用案例的方式分析信息时代网络拓展了人们的生存时间，大数据成为社会发展的又一重要资源，智慧社会对社会公民的核心能力提出了新的要求。

第2章，通过发展的视角说明信息技术的进步赋予了信息素养新的内涵，信息意识、计算思维、数字化学习与创新、信息社会责任已成为信息社会公民应该具备的基本素养。

第3章，依据课程特征强调学校应作为学生信息素养教育的主渠道，要依据国家课程标准有计划、有组织地做好中小学信息技术课程的规划与实施，把信息素养教育扎扎实实地落实到课堂教学中。

这本书得以完成，是编写团队合作的结果。团队带头人熊璋教授的智慧点拨，总能让我们有"柳暗花明又一村"之感；团队成员精诚合作，让整个编写过程充满了正能量，几乎每周一次的集中研讨成为一种习惯；梅栾芳编辑的专业支持给这本书增色许多；在编写过程中，隋珊珊同学一遍遍地反复精读，给了我很大的帮助。

因本书涉及信息技术、课程与教学等多个领域，加之信息技术发展较快，书中难免有不足与疏漏处，恳请读者朋友批评指正。

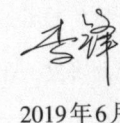

2019年6月

目录

第一章 成长于信息时代 1

第1节 信息时代：生存时空的拓展 2

一、新空间：网络力量的神奇与伟大 2

二、新动力：信息技术的创新与发展 6

三、新业态：社会生产升级与变革 14

第2节 信息时代：大数据及其价值 19

一、新资源：大数据的潜力与价值 19

二、新模式：大数据的分析与应用 23

三、新秩序：大数据的开放与安全 29

第3节 信息时代：进入智慧社会 34

一、智慧社会：未来已来 34

二、人工智能：赋能新时代 39

三、进入智慧社会：生存与发展 43

第二章 信息时代的公民必须具备信息素养 49

第1节 信息素养的发展 50

一、信息素养：从"基本常识"到"核心素养" 50

二、新时代我国学生需要具备的信息素养　55

　　三、信息素养要素关系分析与教育实施　69

第2节　信息素养、科学素养、人文素养的关系　75

　　一、信息素养与人文素养相互融合　75

　　二、信息素养与科学素养相互支持　80

第3节　信息时代需要具备信息素养的公民　85

　　一、提高信息素养，为学习方式变革做好准备　85

　　二、提高信息素养，让新时代劳动者做好准备　91

　　三、提高信息素养，为数字化生活做好准备　95

第三章　加强信息素养教育刻不容缓　103

第1节　国际信息技术教育发展趋势　104

　　一、以发展学生"数字胜任力"为根本目标　104

　　二、突出培育学生的信息技术学科思维　107

　　三、强调信息技术的创新教育　110

　　四、注重信息技术在STEM课程中的实施　112

目录

第2节　我国信息素养教育中的问题　115

一、信息素养教育等同于专业教育的问题　115

二、学校信息技术课程内容滞后的问题　117

三、社会需求与学用脱节的问题　119

四、信息技术学业评价与高校人才选拔脱节的问题　121

第3节　信息素养教育新目标与新任务　123

一、我国高中信息技术课程标准修订的基本思路　123

二、课程标准修订的基本理念　124

三、课程标准修订的基本特征　126

四、课程标准修订后的再思考　128

参考文献　131

第一章
成长于信息时代

每个时代有每个时代的标志性特征,农业时代以耕种作为最主要的生产方式,工业时代是以蒸汽机为代表的一系列生产工具的革新,促进了各类生产流水线的应用,从而带来了生产力和生产关系的巨大变革。如今正处于信息时代,以计算机类智能设备和互联网交互系统为典型代表的大数据经济已融入社会的各个领域,人们的个性化需求越来越容易得到满足。人与人之间、人与物之间的联系越来越扁平化、无缝化,信息技术的发展与应用已成为整个时代系统升级的核心。

第 1 节　信息时代：生存时空的拓展

> 移动通信、智能终端、大数据等信息技术的发展创造了一个全新的数字化生存时空，它在改变人们生活、学习和工作方式的同时，也改变着人们的思维方式。通过移动应用程序（Application，APP）可预约车辆，通过慕课（Massive Open Online Course，MOOC）平台可选学适合自己的课程，通过网络平台可合作完成任务。网络把全世界各地的人、物、事连接起来。以前人们只熟知自己周围小范围的信息，**因为互联网的出现，人们的生活圈子变广了，可以认识全世界各地的人，熟知全世界各地的物，了解各个地域发生的事情，网络空间已成为继陆地、海洋、天空、太空之外，人类生存的又一空间**。

一、新空间：网络力量的神奇与伟大

计算机和互联网让世界上万物互联、人机共生得以实现。有人说互联网是 20 世纪最伟大的发明之一。其实它的伟大之处并不只在于一种新技术的发明，更在于它通过与各个领域的连接给人们的生产生活带来了巨大变化，拓展了人们的学习时空、生活时空、工作时空，并给各行各业的创新带来了历史机遇，创造着一个又一个的奇迹。

> **案例**
>
> **案例 1.1-1　一个人、一台计算机、一千万学生的"学院"**
>
> 2007 年，萨尔曼·可汗（Salman Khan）成立了非营利性的"可汗学院"网站，他用微视频讲解不同的学科内容，解答网友提出的问题。除了视频授课，"可汗学院"还提供在线练习、自我评估及进度跟踪等学习工具。2009 年，可汗学

院获得微软技术奖;2010年,可汗学院获得盖茨基金会和谷歌公司的资助;2013年,可汗学院发布了西班牙语版本,随后发布巴西葡萄牙语、法语、土耳其语版本;2015年,可汗学院推出了移动端平台的升级版本。

目前,全世界已有一千万学生在可汗学院的网站上学习。比尔·盖茨说:"可汗是互联网教育的一个先锋,他借助技术手段,帮助大众获取知识,认清自己的位置,他引领了一场教育革命。"

(参考自"可汗学院:一个人的网络教学震动了世界",中国教育报,2013-02-06,顾雪林)

互联网为可汗学院的成功奠定了基础。可汗学院正是借着互联网对人们生存时空的拓展掀起了教育行业革命的浪潮,成为在线教育的生力军。在可汗学院教育模式的引领下,一系列"类可汗学院"的网络学校如雨后春笋般地在世界各地建立起来(图1.1-1)。现在,足不出户就可以学到国内外优秀的课程,和国际一流的专家进行沟通交流,网络拓展了人们的学习时空。

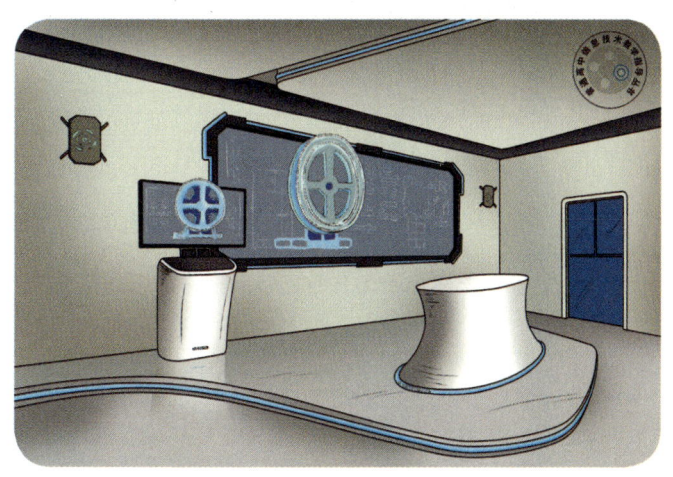

图1.1-1 网络学校

案例

案例 1.1-2　远程会诊手术,"在线医院"救人于千里之外

2018年1月8日,来自武汉、新疆、弗吉尼亚三地的医务工作者借助"基于混合现实技术的远程会诊系统"成功完成一例远程会诊手术(图1.1-2)。

图 1.1-2　远程会诊手术

在手术实施过程中,武汉协和医院骨科医院和弗吉尼亚理工大学的远程医生通过佩戴特殊头盔,将患者病灶部位的全息投影成像精准地"悬浮"在眼前,同时,远在新疆博州人民医院的主刀医生戴着同种类型的头盔,通过远程会诊系统与远程专家举着模型并肩而站,一边演示一边标注手术路径,类似于真实的现场医疗合作,共同完成了手术。混合现实技术打破时空局限,将远程专家带进当地手术室,使得千里会诊成为现实。

(参考自"全球首例!武汉实施HoloLens[1]远程会诊手术",湖北日报,2018-01-08)

远程医疗借助通信技术、虚拟现实技术以及计算机技术拓展了医务工作者的医疗时空。医务工作者利用远程会诊系统可以协同对患者的病情进行诊断,为患者提供治疗建议和相关医学指导,节省大量费用、时间和精力,提高了医疗工作效率,促进了医疗资源共享,推动了整个医疗行业的发展。

 案例

案例1.1-3 物联网助力能源产业,"数字技术"建设油气"丝绸之路"

在能源行业油气田、管道等项目中,每天有大量数据需要精确分析,靠传统的人工管理不仅费时耗力,而且其准确性与科学性也不能满足管理需求。油气行业与信息化结合,是油气行业长期以来的发展需求。如今,信息技术的发展已为这种需求提供了现实解决方案。

华为技术有限公司为中国—中亚天然气管道提供了"数字化油气管道"集成通信解决方案(图1.1-3)。该方案针对管道沿线的不同场景,综合运用光纤振动入侵检测、泄漏检测、视频监控等技术,融合集群、车载应急、视频监控、视频会议等多种通信系统和终端,实现互联互通,及时应急响应,有效地将管道与压缩站、计量站、主控中心实时连接。管理人员在北京就能实时了解千里之外的管道实际情况,为高效决策、合理制订检修计划提供支持。

---

[1] HoloLens,微软公司开发的一种混合现实头戴式显示器。

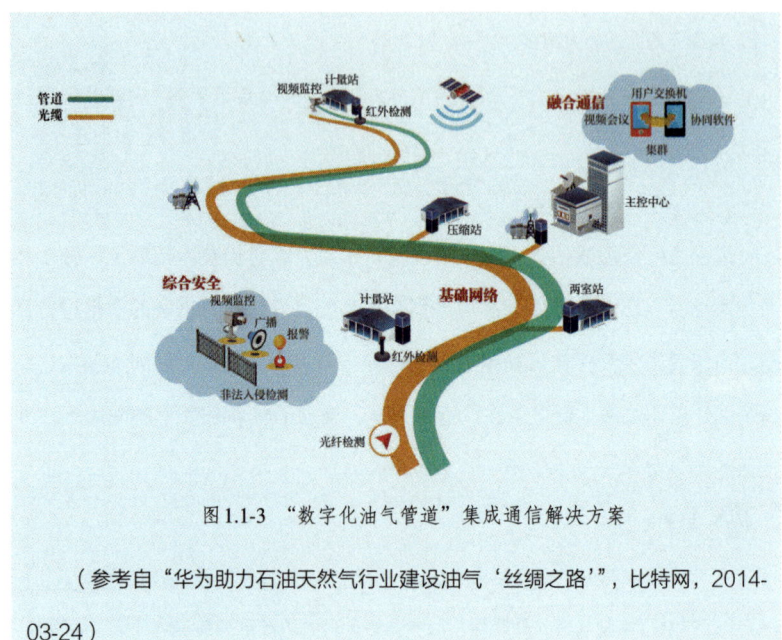

图1.1-3 "数字化油气管道"集成通信解决方案

(参考自"华为助力石油天然气行业建设油气'丝绸之路'",比特网,2014-03-24)

借助物联网技术,工业企业可以将机器等生产设施接入互联网,构建网络化物理设备系统,使各种设备能够自动交换信息、触发动作和实施控制。物联网技术有助于加快生产制造过程中实时数据的传送和分析,推动生产资源的优化配置,大幅度节约运维资金。随着物联网在工业生产中各个环节的应用,现有的生产方式会迎来颠覆性或革命性的变化。

二、新动力:信息技术的创新与发展

预测未来并不是件容易的事情,但是通过那些即将或已经到来的新兴技术,就有可能对整个时代有一个更准确的感知,而这些新兴技术也将在未来与人们的生存有着千丝万缕的联系[1]。这些新技术不仅被大家看到、触摸到、使用到,更是引发了人们对生存时空变化的认识和对未来的感知。

1. 可穿戴技术的发展与应用

20世纪60年代,麻省理工学院媒体实验室提出了"可穿戴技术"的理念,根据这种理念可以把多媒体、传感器和无线通信等技术嵌入人们的服装中,支持手势和眼动操作等多种交互方式。可穿戴设备的"内在连通性"有助于实现信息的快速获取和实时共享,高效地保持交互通信,可摆脱传统的手持设备而获得无缝的网络访问体验。可穿戴技术的实现加强了现实空间与虚拟空间的融合。

2012年6月,谷歌通过I/O[1]产品发布会展示了一款"拓展现实(expand reality)"眼镜(图1.1-4),该设备由一块位于右眼侧上方的微缩显示屏、一个720像素画质的摄像头、一块位于太阳穴上方的触摸板,以及喇叭、麦克风、陀螺仪传感器和可以支撑6小时的内置电池构成。它具有和智能手机一样的功能,可以通过声音控制拍照、进行视频通话、辨明方向,支持上网冲浪、处理文字信息和电子邮件等。这款新设备传达出"穿戴式计算将成为未来的发展趋势"。对于这项新技术,纽约时报的专栏作者尼克·比尔说:"当这项技术成熟后,我们就能获得解放。可穿戴技术将使我们摆脱紧盯4英寸[2]屏幕的生活。我们不再需要无时无刻地看着设备,相反,这些可穿戴设备会'回过来看着'我们。"

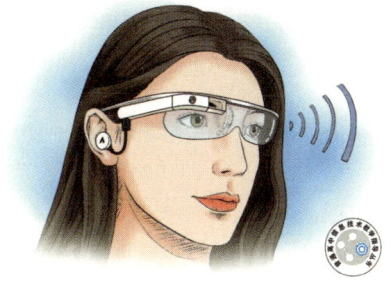

图1.1-4 谷歌眼镜

---

1 I/O,Input/Output,输入/输出。

2 1英寸≈2.54厘米。

可以想象一下,如果在学习过程中,学生们戴着这样的"眼镜",老师问的所有记忆性问题,例如"氢气的分子式是什么",相关答案就可随时显示在眼镜上,学生依此给出正确答案,那么,能否认为这种眼镜增加了"学生大脑的记忆"呢?或者说学生是否增加了一个"外脑"呢?

2013年,美信公司研制出嵌有多种传感器、能测量生命体征数据的T恤衫,该公司称为"fit衫[1]"(图1.1-5)。它利用内嵌的传感器来测量用户的心率、体温及活动量等,供医疗机构用来持续监测用户的生命特征,同时还可将所测得的心率、体温、活动量等数据通过所配备的蓝牙智能模块发送到外部设备上进行存储和显示。这种穿戴舒适甚至无感的设备正从"信息收集"向"直接干预"发展,可以随时随地对身体进行保健治疗,对增进人们的身体健康具有重要意义。

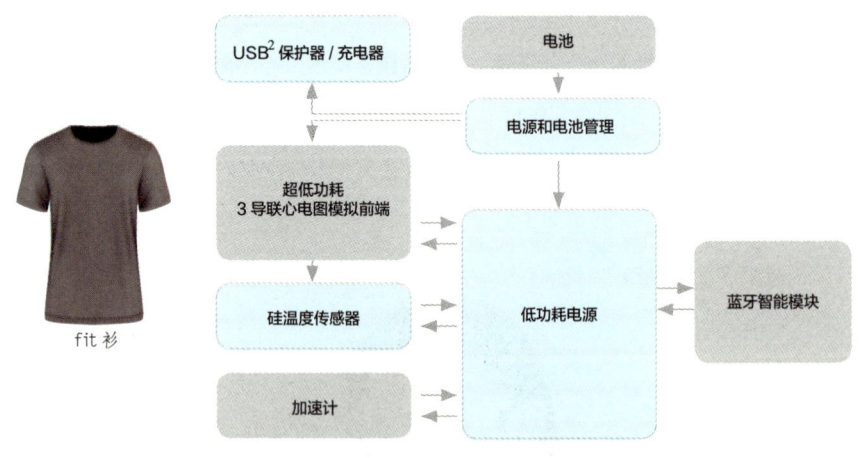

图1.1-5　fit衫

可以想象一下,在信息时代,如果每一个人都穿着类似的"fit衫",让

---

[1] fit,配合。该T恤衫配合人体特征而设计,因此称为fit衫。
[2] USB,universal serial bus,通用串行总线。

它随时随地采集人们的生理数据,通过远程医疗系统诊断人们的健康情况,并提供相应的咨询报告。那么,能否认为"fit衫"就是每个人身边的一名"医生"呢?或者可以说"fit衫"延伸了医院的边界呢?

2015年10月,微软公司发布了可穿戴全息投影设备HoloLens。戴上HoloLens眼镜之后,轻轻一挥手,一个虚拟窗口就会出现在墙壁上,然后就可以与设备进行交互。用户可以使用手势和语音在空间中看到全息影像,也可以完成复杂的操作,包括直接通过双手对呈现在空间中的虚拟物体进行旋转、移动等(图1.1-6)。其效果不像虚拟现实那样强迫用户进入一个由计算机生成的虚拟世界,而是采用了增强现实技术,将虚拟物体叠加到真实世界的场景中,让用户在不脱离周边环境的情况下享受数字生活。

图1.1-6 可穿戴全息投影设备HoloLens

从技术上来看,HoloLens设备内置高端的中央处理器(Central Processing Unit,CPU)和图形处理器(Graphics Processing Unit,GPU),拥有全息透视镜头,并搭载全息处理芯片,可以在无线模式下运行。这种设备最大的优势就在于能够让人们一边看着实体空间场景,一边看着增强虚拟信息,增强两者之间的关联性。关联得更紧密,意味着人们可以用多个不一样的视角去观察生活中的事物。

可以想象一下,学习建筑专业的学生戴上HoloLens设备分析某一建筑物的特征时,可以像这个建筑物的设计师一样来理解其中的结构。这种可穿戴设备能更好地在现实情境中帮助人们体验事物的创新设计,**那么,它是不是帮助人们延伸了个人的"思维"呢?或者说,是不是可以共享社会上智慧的"大脑"了呢?**

2. 云存储的发展与应用

随着计算机技术的发展以及互联网技术(尤其是移动互联网技术)的普及,每个人都成为海量数据的生产者。全球数据量呈现爆炸式的增长,仅在2015年就达到8.6 ZB(十万亿亿字节)左右。据互联网数据中心(Internet Data Center, IDC)预计,到2020年,全球数据量将增加到40 ZB[2]。爆炸式的数据生产,使得人们对大容量、易扩展、低价格的存储方式产生了强烈的需求。

云存储是应对新的存储需求而发展起来的一种新模式。数据的快速生成要求数据库能够高并发读写,要实现对海量数据的高效率存储和访问,不仅要满足数据库高可扩展性和高可用性的要求,还要满足非结构化数据处理能力的要求。

 案例

案例1.1-4 "阿里云"与杭州"城市大脑"

2016年10月13日,在"杭州·云栖"大会上,杭州市政府联合"阿里云"公布了一项计划:为这座拥有2 200多年历史的城市安装一个人工智能中枢——杭州"城市大脑"。

"城市大脑"的内核采用阿里云人工智能技术,可以对整个城市进行全局实时分析,自动调配公共资源,修正城市运行中的问题,最终进化成为能够治理城市的超级人工智能。

"城市大脑"将交通、能源、供水等基础设施全部数据化,通过"云"连接散落在城市各个单元的数据资源,从而形成"城市云"(图1.1-7)。以交通为例,数以百亿计的城市交通管理数据、公共服务数据、运营商数据、互联网数据被集中输入杭州"城市大脑",这些数据成为"城市大脑"智慧的起源。

图1.1-7　城市云

目前,"城市大脑"已经接管了1 300个路口的信号灯和4 500路的视频,将杭州市在交通管理、公共服务等领域的百亿级的数据汇聚起来,搭建成完整的城市交通动态网,准确应对复杂的交通状况,最终实现对交通的优化。很多杭州人发现,经常拥堵的路段通畅了,家门口的车不再排长队了,人们开始享受"城市大脑"带来的福利。

(参考自"2016阿里云栖大会:杭州城市大脑正式发布",IT之家,2016-10-13)

严格来说，云存储并不是一种存储媒介，而是一种服务。它不是指某一个具体的设备，而是指一个由许许多多个存储设备和服务器所构成的集合体。使用云存储并不是使用某一个存储设备，而是使用整个云存储系统带来的数据访问服务。云存储和物联网已紧密联系在一起，物联网的应用和发展需要"云"来运行和执行。当数以万计的产业和行业通过互联网实现互联、接入"云端"后，云存储必将会和物联网一起不断壮大、发展。

可以想象一下，云存储的建设使得人们更方便地从"云"中获取和应用资源，谁还能认为这只是简单的存储呢？**所以，如果人们能充分地利用好云存储的服务，它是不是可以成为人们的"移动智囊团"呢？**

3. 三维打印技术的发展与应用

三维打印技术也称3D打印[1]技术。它是一种以数字模型文件为基础，运用粉末状金属或塑料等可黏合材料，通过逐层打印的方式来构造物体的技术。3D打印通常是采用数字技术材料打印机来实现的，常在模具制造、工业设计等领域被用于制造模型，后逐渐用于一些产品的直接制造。当前，该技术在工业设计、建筑、汽车、航空航天、医疗产业、教育等领域都有所应用。21世纪以来，3D打印技术逐渐走向成熟，初步形成一项新兴产业，并显示出巨大的发展潜力。

2014年8月，上海张江高新青浦园区10幢3D打印建筑打印成功并交付使用，作为当地动迁工程的办公用房（图1.1-8）。这些"打印"出来的建筑墙体是用建筑垃圾制成的特殊"油墨"，按照计算机设计的图纸和方案，经一台大型的3D打印机层层叠加喷绘而成，10幢小屋的建筑过程仅花费24小时。房子不大，最高不过两层，面积也就十几个平方，上上下下看不到一片砖瓦，墙体呈现出年轮蛋糕的结构，由一层层水泥材料堆叠而成，每层大约

---

[1] 3D打印，three dimensional printing，三维打印。

高2厘米。

图1.1-8　3D打印建筑

  2015年年初，硅谷Carbon 3D公司公布了一种全新的3D打印技术，能在液体中直接、迅速地打印，颠覆了过去几十年来逐层堆叠的3D打印理念，速度提高了25~100倍，并能打印出许多之前无法打印的几何形状，这种新技术称为连续无分层液体界面提取（Continuous Liquid Interface Production，CLIP）技术。据该技术发明的工程师介绍，这项技术可以打印精细的物品，误差小于20微米，与丙烯酸纤维或者一张纸的1/4厚度相当。这种技术为扩展3D打印适用的材料范围提供了蓝图，比如合成橡胶、尼龙、陶瓷和可降解生物材料等。

  试想一下，随着3D打印技术的成熟与普及，当它应用到千家万户时，是不是每个人都可以打印出自己设计的产品呢？每个人不仅是设计师，也可以成为工程师。甚至有一天在网上购物时，实际传递的只是一个有创意的电子文件，人们利用3D打印设备和相关材料完成对这个电子文件内容的"打印"。**那么3D打印技术是不是打破了行业的界线，真正能让人们跨行业工作了呢？**

互联网的飞速发展、数据存储和处理技术的巨大变革以及新工具的不断创新推动着信息社会的持续进步,这些新技术、新工具为人们提供了认识世界运行方式的新渠道,也让人们可以通过对它们的理解一窥未来。

三、新业态:社会生产升级与变革

信息技术的发展拓展了生存的时空,这种发展已不只是一项新技术或一个新工具的出现,当这些发展与人们的生活、学习、工作相结合时,相关领域就会出现翻天覆地的变化。托马斯·库恩在《科学革命的结构》一书中认为:"一个稳定的范式如果不能提供解决问题的适当方式,它就会变弱,从而出现范式转移。"[3]在信息时代,新技术、新工具也冲击着传统的生活、学习和工作方式,引发了各种各样的问题,这些问题的解决又推进了新范式的出现。在全新的生存时空下,各行各业必定会产生新的发展业态。

1. 信息时代促进产业升级

信息技术与传统产业的结合使得现代制造业的管理柔性化、生产精致化,从而更能满足市场需求。很多企业为适应瞬息万变的市场而将生产制造设计环节放在云端,使得市场需求变化能够通过互联网实时传递到智能设计制造环节,以最快速度完成制造并经过现代物流(或互联网传递)第一时间送达消费者。

案例

案例1.1-5 无人机+物流

2016年3月25日,Flirtey公司在美国内华达州的霍桑市通过全自主的无人机完成城市快递服务,成为美国第一个联邦航空局(Federal Aviation Administration, FAA)许可的合法无人机快递服务案例(图1.1-9)。

图1.1-9 无人机+物流

这架无人机按照预定的航线飞行,靠近目标后准确放下了投送的物品。据Flirtey公司的首席执行官马修·斯文尼(Matthew Sweeney)介绍,该种型号的无人机是按照一定负荷与运营里程进行设计的,通常可以负重5.5磅[1],飞行里程可达10英里[2]。他们的下一步目标是要进入日常生活更典型的城市生活环境里去。

2018年3月27日,在我国江西省上饶市召开的无人机航空运营(试点)许可证颁布大会上,民航华东地区管理局向顺丰旗下的江西丰羽顺途科技有限公司颁发了国内首张无人机航空运营(试点)许可证,这也标志着"顺丰物流无人机"正式开始商业化运营。

(参考自"美国第一个合法无人机送快递业务开始了",网易科技报道,2016-04-18;"全国首个无人机航空运营(试点)许可证颁发",央广网,2018-03-28)

---

[1] 1磅≈0.45千克。
[2] 1英里≈1.61千米。

试想一下，当越来越多新技术、新工具应用到社会各行各业中，传统的生产、服务、运营方式在不断被颠覆时，信息时代成长起来的一代社会成员该如何看待这个社会呢？他们能生存在这个社会中吗？也许是我们杞人忧天，他们自有他们的生存方式。但是我们应该为新一代社会成员提供认识与体验信息社会的机会，而不是用过时的想法与观点阻止信息社会和新一代社会成员前进的步伐。

2. 信息时代激发创新引擎

信息技术的发展与应用促进了传统产业的变革，同时也创新出新兴产业，促进了实体经济持续发展。"互联网+金融"激活并提升了传统金融的活动，催生出包括移动支付、第三方支付等模式的互联网金融，使用户足不出户就可以享受到相应的金融服务。可穿戴技术的发展在使人们更方便地生活、学习和工作的同时，重构了人们的生活方式，创造出新的产业。

 案例

案例1.1-6 互联网+O2O[1] 模式

2011年8月，TrialPay公司的创始人兼首席执行官艾力克斯·兰贝尔提出了O2O概念，将线下商家的商品或服务电子化，并推送到线上完成线上营销引流，然后再进行线上交易确认。

2011年11月，O2O概念被引入中国。在团购和生活服务类电商的推进下，到2012年，O2O商务模式逐步受到互联网从业者的关注，并推出了多种O2O模式，将线下商户交易、在线支付、营销效果的监测这三件事融合到互联网上，让它们之间的不足得到互补。

O2O商业模式的推广使得消费过程变成线上和线下两部分。线上平台为消费

---

[1] O2O，online to offline，线上到线下。

者提供消费指南、优惠信息、便利服务（预订、在线支付、地图等）和分享平台，而线下商户则专注于提供服务，在服务过程中实时获取服务数据，分析营销效果（图1.1-10）。这一创新模式从根本上改变了"互联网"与"实体店"的对立局面，服务商销售商品也不再只是为卖商品而卖商品，而是在消费过程中实现了增值，获取了服务的数据，提高了服务质量。

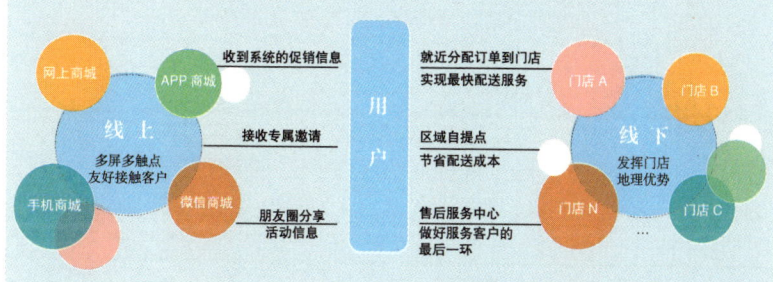

图1.1-10 互联网+O2O模式

（参考自"互联网保险与O2O模式会擦出怎样的火花"，搜狐网，2016-03-25）

"互联网+"下的创新与升级，就是社会各领域以移动互联网、云计算、大数据、物联网为代表的互联网新技术、新思维、新模式进行的商业创新和管理变革[4]。通过互联网，各领域构建起"以用户为中心，线上线下结合，数据驱动"的全新运营模式。在新的运营模式下，大幅度提高了服务创新能力、运行效率和治理水平，降低了服务成本，增强了竞争力，提升了社会效益。在这样一个生产与发展转型时期，新时代的社会公民同样需要进行思维和行为的转型，适应乃至引领信息社会的发展。

信息时代，互联网为人类社会带来了巨大的价值，也引发了巨大的挑战，社会各行各业都在经历数字化、网络化、智能化的冲击，**其中的每位社会成员是故步自封、墨守成规，无视网络新空间的存在，还是立足现实、勇**

于创新,利用网络力量实现业内"新常态",将会是两种完全不同的发展方向。互联网拓展了人类生存时空,这已不只是一个技术问题,更是一个学习与认识的问题。要认识到网络空间给社会发展所带来的机遇,努力学习网络知识,迎接网络引发的巨大挑战,要善于应用网络空间进行发展与创新,跟着信息社会发展的步伐去拥抱新时代。

第2节 信息时代：大数据及其价值

> 信息时代带来的好处是显而易见的。人们口袋里揣着智能手机，书桌上放着笔记本计算机，办公室里安装着无线网络，这些工具及应用使得人们交流更方便，工作更有效。在这样的环境下，人们更多地关注了技术的应用功能，强调技术工具的操作。但是，人们在使用这些技术和工具的过程中产生了什么呢？所产生的内容又是如何影响他们的呢？所以，当技术和工具与人们的生活、学习、工作结合得越来越紧密时，人们生存的整个生态环境也随之发生了改变。**现在是时候需要从关注技术（Technology, T）本身的应用转向关注使用技术所产生的内容——数据（Data, D）**，未来一个国家对数据的占有与控制权将会成为海权、陆权、空权、太空权之外的另一种国家核心资产[5]。

一、新资源：大数据的潜力与价值

无论是现在还是未来，大数据都具有举足轻重的作用。每一个清晨从人们拿起手机这一刻起，数据就在不断被生产和记录，当使用智能穿戴设备时，当通过手机阅读资讯时，当体验共享经济时，当上传照片和视频时，当使用物流网络时，人们都在创造数据，也在享受数据带来的便利。用数据说话，不仅仅是因为数据的客观特征，更因为全样本的数据往往能够让人们把事物看得更全面，大数据分析让人们能看清纷繁复杂的现象背后的内在逻辑。

 案例

案例1.2-1　大数据与个性化学习

大数据在教育平台中的应用，是通过分析每一位注册学习者的特征，为学生提供与之相适应的学习内容来实现的。Knewton公司开发了一个社交化自适应学习系统（Adaptive Leaning through Socialization，ALTS），该平台通过自适应学习系统分析了几百万学生的学习过程，并基于这一分析来设计更加合理的测试题目和更加个性化的课程目标（图1.2-1）。

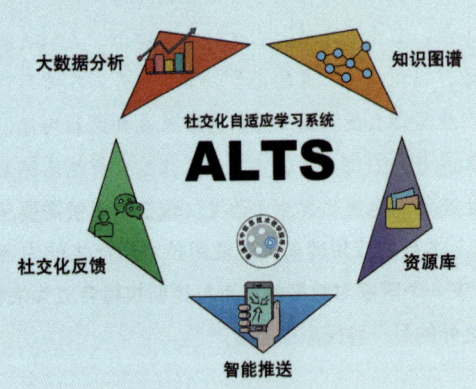

图1.2-1　社交化自适应学习系统

该公司与Houghton Mifflin Harcourt建立了合作关系，开发出K-12[1]阶段的个性化数学课程，还与法国的创业公司Gutenberg Technology合作开发了智能数字教科书。这些课程和教科书能够适应每个学生的差异，学生可以按照自己的节奏来控制学习进度，而不会受其他学生的影响。该系统会给教师反馈，告知哪个学生在哪些方面有困难，并给出全体学生表现的整体分析数据。

（参考自"大数据对于教育：真正实现因材施教"，雷锋网，2014-08-01）

大数据的应用使得"互联网+教育"不再只是简单地将线下内容数字化，而是在通过互联网向学生传送学习信息的过程中，也持续地收集学生产生的

---

[1] K-12，是美国基础教育阶段的统称，K代表Kindergarten（幼儿园），12代表12年级，相当于我国的高三。K-12也是国际上对基础教育阶段的通称。

数据。它在改变传统教育模式的同时,也通过数据分析发现教育中的"痛点"与"热点",针对学生学习特征寻找最优化的教育资源配置,让每一位教师既可以站在社会的肩膀上获取教育资源,又可以站在每一位学生身边传道授业解惑,为教育行业的创新带来了力量[4]。

 案例

案例1.2-2 大数据与"精准医疗"

大数据为医疗服务行业带来了新的服务模式,"精准医疗"成为医学界的研究热点。"精准医疗"是应用现代遗传技术、分子影像技术、生物信息技术,结合患者生活环境和临床数据,实现精准的疾病分类和诊断,制订具有个性化的预防、治疗方案。

根据国家卫计委消息,我国目前正在制定"精准医疗"战略规划,该规划被纳入"十三五"重大科技专项。"精准医疗"将利用先进的科学理论和技术手段,改变传统的疾病诊断、治疗模式,将医学发展水平推向新的高峰。图1.2-2分析了从"经验医疗"到"循证医疗",再到"精准医疗"的转变过程。

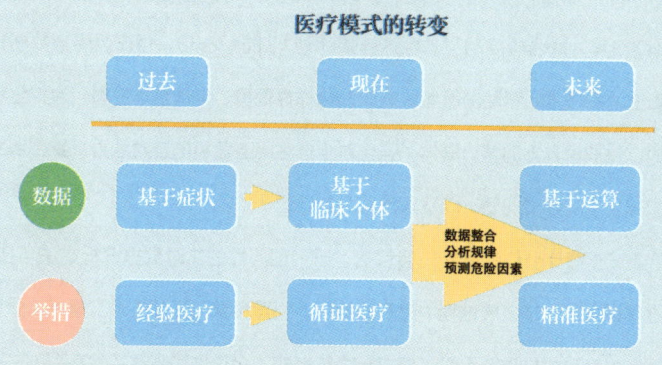

图1.2-2 大数据支持下的医疗模式转变

根据"精准医疗"计划,我国将研发一批国产新型防治药物和医疗器械,形成一批国内定制、国际认可的疾病诊疗指南、临床路径和干预措施,提升重大疾病的防治水平,针对肿瘤、心脑血管疾病、糖尿病、罕见病分别制订8~10种精准治疗方案,并在全国推广。

(参考自"精准医疗:医学发展的新变革",新华网,2015-12-03)

每个人的基因不同,身体素质不同,因此药物对他的疗效和他的抗药性也会不同。以前,很难有效地获得每个患者的数据,用药的情况也只能根据大多数人的情况采用类似于"一日三次,一次两片"的医嘱。如今通过信息技术能全面地收集每个患者的相关数据,针对数据为每位患者制订个性化的医疗方案和用药处方也就成为可能。医疗服务作为人类最基本的需求之一,在实施过程中会产生庞大的数据量。当大数据和医疗服务结合后,一个崭新的智能医疗时代也就到来了。

案例1.2-3 联合国大数据研究:全球脉搏计划

2009年,联合国启动了"全球脉搏计划"(图1.2-3),旨在运用与数据相关的创新方法和技术,帮助决策者快速应对全球性危机,推动全球发展,追踪全球发展趋势,保护世界上的弱势群体,强化对全球性经济危机的应对能力。其主要关注点是全球民生与经济问题,以及异常情况的处理。

"全球脉搏计划"的研究内容包括:研究创新性的实时数据分析方法与技术,以便在早期发现全球发展过程中潜在的隐患;组建免费和开源技术工具集,分析实时数据和共享科学推理及假设;建立一个统一的、全球性的脉搏实验室系统,在国家层面上引导全球脉搏计划的推进。"全球脉搏计划"通过对相关数据的整合和集成,可以从不同侧面反映人类世界的情况,帮助联合国给全球"把脉"。

图1.2-3 全球脉搏计划

联合国发布的《大数据促发展：挑战与机遇》大数据政务白皮书，总结了各国政府如何利用大数据更好地服务和保护人民，指出大数据对于联合国和各国政府来说是一个历史性的机遇，探讨了如何利用包括社交网络在内的大数据资源来造福人类。

（参考自"'与数俱进'：联合国发布大数据政务白皮书"，IT经理网，2012-07-12）

当"全球脉搏计划"通过各地的实验室有效地采集和分析数据时，根据药物销售量可以预测疾病发展趋势，根据各地粮食产量情况可以分析不同地域的援助需求，有效地把控全球的发展动态。大数据的产生与应用使得越来越多的政府、企业机构开始意识到数据正在成为最重要的资产，数据分析能力正在成为核心竞争力。很多国家都把大数据上升到国家战略的高度，把国家拥有的数据规模、活性及解释运用的能力作为综合国力的重要组成部分。

二、新模式：大数据的分析与应用

世界著名咨询公司麦肯锡在研究报告中称："数据已经渗透到当今每一

个行业和业务职能领域,成为重要的生产要素。人们对海量数据的挖掘和运用,预示着新一波生产率的增长和消费者浪潮的到来。"如今,数据作为信息社会中新形式的"水""电""煤",同样也需要通过各种各样的"管道"将其输出至社会的各个领域,为用户更优地进行决策和行动提供依据,赋能社会发展。

1. 全样本数据模式的应用

在信息处理能力受限的年代,由于缺少数据采集与分析的高性能技术与工具,为了能处理数据,"随机抽样"数据处理方法应势而生。如今,计算机技术、移动互联技术、传感器技术的发展,让数据获取与分析变得越来越简便。感应器、手机导航、社交网络都在不停地收集着大量的数据,这也使得整体收集数据成为可能。从随机抽样样本数据到全样本数据的研究,可以把握更多细小的发展和变化,产生新的观点。一方面,全样本数据模式表现在数据体量巨大,数据采集技术提升,网络带宽成倍增加以及社交网络迅速发展,使数据的产生量和存储量迅速增长;另一方面,体现出数据的完整性,通过高性能的信息技术工具能实时动态地更新数据,全过程地反映事物的发展状态。

"谷歌流感趋势"平台是谷歌用于流感预警的即时网络服务平台。它不是依赖于对随机样本的分析,而是分析了几十亿条互联网检索记录,以此提高微观层面分析的准确性,甚至能够推测出某个特定城市的流感状况。谷歌在美国9个地区就这一观点进行了测试,发现比联邦疾病控制和预防中心提前了7~14天准确预测了流感的爆发。尽管该平台在后期数据使用和分析中存在着误差(这也正是大数据技术在应用过程中需要不断改进之处),但基于全样本(或近乎全样本)数据模式的社会治理已成为社会公民健康监测的一种重要手段。

"百度迁徙"平台利用百度地图基于地理位置的服务（Location Based Service，LBS）开放平台，对其拥有的LBS大数据进行计算分析，采用创新的可视化呈现方式，全程、动态、即时、直观地展现了人口大迁徙的轨迹与特征（图1.2-4）。通过它可以了解当前及过往时间段内，全国以及各省、市的人口流动情况，以便直观地确定流入人口的来源和流出人口的去向，为交通部门的政策制定和服务提供参考，为网民、企业提供生活和生产参考，从而实现更大的社会价值。

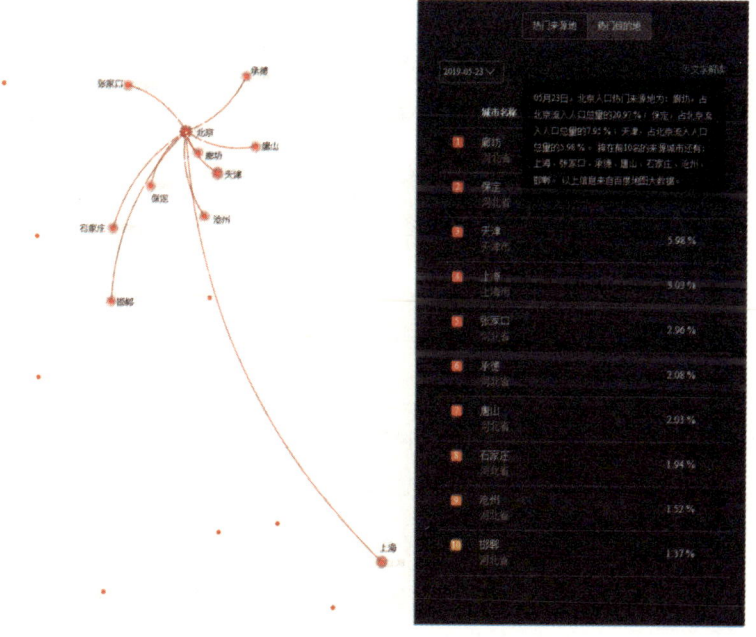

图1.2-4 "百度迁徙"平台的大数据

通过全样本数据模式，人们可以发现随机抽样分析中无法捕捉到的微小细节。拥有了全部（或近乎全部）的数据，就可以从不同角度更细致地观察和研究数据的方方面面，挖掘出有价值的信息。可见，大数据技术的发展与应用是建立在掌握全样本数据（或近乎全部数据）基础上的，这样就摆脱了随机采样分析方法中模拟整个事物的不足，通过持续采集与分析全样本数据，能发现和预测事物的发展趋势[6]。

2. 用户画像技术与应用

随着互联网上用户数量的迅速增长，用户创建与访问的数据量呈指数级递增。通过大数据技术可以快速捕捉海量的用户行为数据，精准分析用户的偏好，针对用户需求特征提供有针对性的服务已经成为可能。作为精准服务的基础，相比于传统社会调研中的问卷调研、用户访谈、实际观察，用户画像技术具备更精准描述用户特征的优势。

用户画像技术是通过对用户的社会属性、个人爱好、生活习惯和应用行为等数据的采集和积累，按照一定的算法将用户多种类型的数据抽象成一个具有标签化特征的用户模型，以此为用户建立一个"虚拟代表"。这种技术的关键工作就是提炼出用户的特征标识，也就是给用户打"标签"，挖掘用户深层次的需求信息（图1.2-5）。

例如，某一高校通过智慧助困系统采集学生家庭经济状况及成员信息、学生本人基本信息及受资助信息、学生所在生源地经济水平信息、学生日常消费信息等涵盖4大类、40余个小类的上千万条数据。通过分析学生日常消费特征，给每位学生建立"用户画像"，以此处理学生在校内的消费数据，例如食堂饭卡、水卡消费、超市消费、乘坐校际班车情况等，分析学生的消费水平，自动生成家庭经济困难学生建议名单。除了消费数据外，系统还结合学生的勤工助学情况、获奖学金情况、社交特征、行为轨迹、借阅兴趣、历史特征等多个维度进行综合分析挖掘。这些数据经过整合与清洗后，通过计算机一系列精密的算法，系统判定学生的困难指数（如1~9级）。通过给用户"画像"，依靠大数据分析反映学生的经济情况，有针对性地对经济困难学生给予关心和补助。

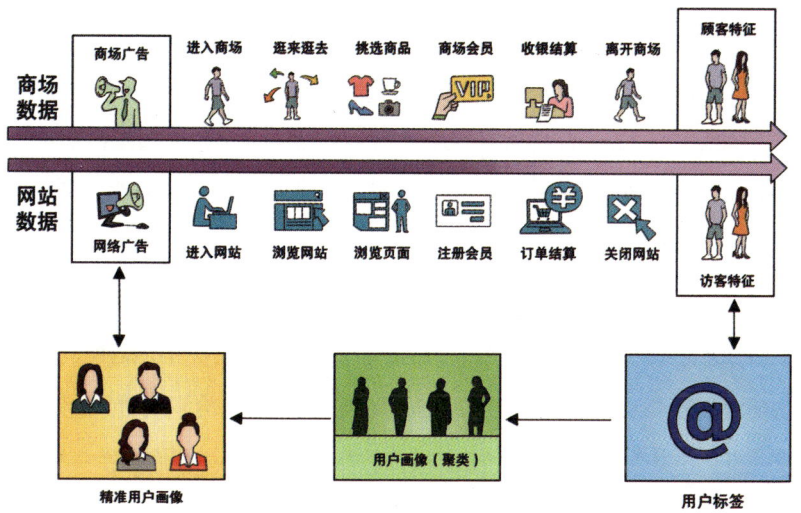

图1.2-5 用户画像与服务

通过用户画像技术,世界上每一个"真实"的用户,是不是也能通过网络环境产生了一个"虚拟"的用户呢?通过抓取"真实"的用户留下的数据,刻画出"虚拟"用户,进而为"真实"用户提供更个性化、精准化的服务,这是不是因为大数据技术的发展而形成了新的服务方式呢?

3. 个性化推荐系统与应用

随着互联网发展规模的不断扩大,网络信息总量快速增长,相比于过去的信息匮乏,如今面对海量的信息,用户最大的困扰是如何从海量信息中筛选和过滤出对自己有用的信息。搜索引擎的研制与应用在一定程度上解决了信息筛选的问题,但是对于那些无法准确描述自己需求的用户,搜索引擎也较难发挥作用。如何根据用户的行为特征或前期的经历将其需求转化成关键词,针对关键词为用户提供推荐服务,将成为越来越多网站具备的新功能。

个性化推荐系统（图1.2-6）是互联网和电子商务发展的产物。它是建立在海量数据挖掘基础上的一种高级商务智能平台，向顾客提供个性化的信息服务和决策支持。1995年3月，卡耐基·梅隆大学的罗伯特·阿姆斯特朗（Robert Armstrong）等人在人工智能协会上提出了个性化导航系统Web Watcher；亚马逊个性化推荐系统通过收集用户行为数据、分析用户在线行为特征、提供个性化推荐营销服务、统计用户反馈数据加强了对用户的个性化服务，提高了商品的销售量。"潘多拉"音乐电台作为一个高度个性化的"私人电台"，不设置音乐播放列表，而是通过分析听众对所需播放歌曲的反馈行为推送基于用户习惯的音乐。它推送的歌曲符合听众的个性化需求，听众在享受"潘多拉"所提供的特色推荐的同时，与电台的互动其实也在帮助"潘多拉"更好地改进推荐系统。

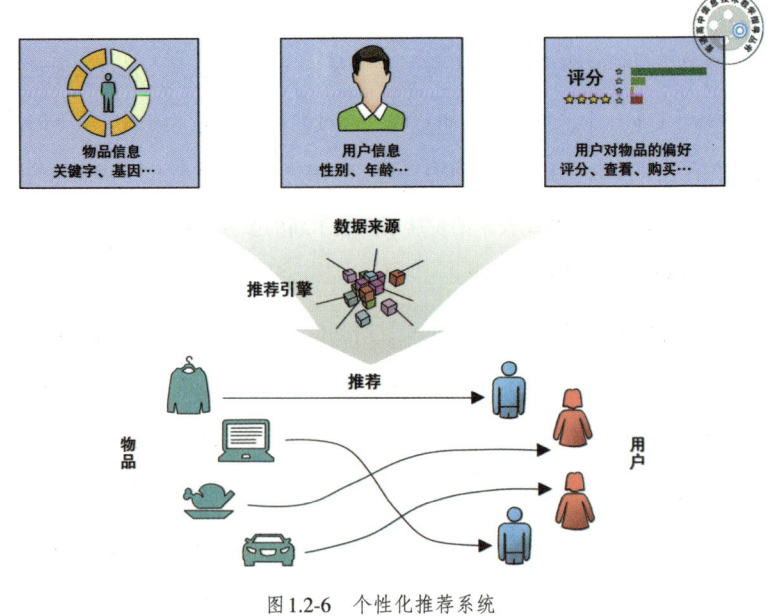

图1.2-6　个性化推荐系统

可见，个性化推荐的任务就在于联系用户和信息，一方面帮助用户发现对自己有价值的信息。另一方面让信息能够展现在对它感兴趣的人群中，从而实现信息提供商与用户的双赢。

三、新秩序：大数据的开放与安全

大数据可以帮助人们深刻地理解现状，预测未来走势，从而采取应对策略。它在打造一个更安全、更高效的社会的同时，也应注意到用户个人数据在不知不觉地被他人采集与应用的过程中，也侵蚀着人之所以为人的重要内涵——平等、隐私与自由。大数据可以成为社会集体选择的工具，但不能成为人类放弃自由意志的借口。数据治理是进入智慧社会的重要一环，数据安全是维护智慧社会秩序的必备条件。大数据技术有效应用更需要良好的共享与安全环境。

1. 大数据开放

大数据是信息社会发展的一种重要资源，尽管人们可以通过网络访问到大量的数据，但是仍有很多有价值的社会数据被某些公司或机构牢牢控制于其所管辖范围之内，形成了新的数据垄断，影响了数据的流动性。制定明确的数据共享制度，建立完善的数据共享体系，是实现数据共享的前提条件。

 案例

案例1.2-4 变"人跑"为"数据跑"

据报道，2013年，一位北漂小伙小周为办护照，返回老家衡水武邑县多达6次，跑了近3 000公里。每次他都是无功而返，原因是材料不齐。其中一次他自认为让准备的材料都备齐了，应该没有问题了，结果办事人员又发现了新问题。原来

> 小周的身份证是在其他省读大学时办的,不是本地的,他要在这里办护照,必须提供本地的身份证才可以。后来他补齐了身份证信息,不承想当他来到公安局办理时,办事人员又让他提供新材料,还得要他们公司的营业执照。试想,如果政府机关的这些数据能够相互共享,小周的麻烦可能就会大大减少。
>
> 2016年年底,"最多跑一次"在浙江省政务改革中被提出。提出通过"互联网+政务发展"实现省内政务数据共享。例如,居民去社会参保单位办理参保登记,以前办理这件事情要交6份材料,现在只要交一份材料,即《单位社会保险登记表》,其他的材料可通过数据共享获得,不再需要当事人提交了。因为数据共享缩短了办理时间,原来按"天算",现在按"分钟算"。数据孤岛被打破,不同部门之间得以协同办公,实现"数据跑路"代替"群众跑腿"。
>
> ("聚焦浙江'最多跑一次':'刀刃向内'造就改革样本",光明网,2018-03-30)

在信息时代,数据作为一种新的基础设施,将和物理基础设施同等重要,政府在大型公共基础设施的建设中发挥了主导作用。2018年1月,中央网信办、国家发改委、工信部联合印发《公共信息资源开放试点工作方案》,确定在北京、上海、浙江、福建、贵州五地开展公共信息资源开放试点,要求试点地区结合当地实际情况制订具体实施方案,明确试点范围,细化任务措施,着力提高开放数据质量,促进社会化利用,探索建立制度规范。

2. 大数据安全

大数据技术应用于社会各个领域时,社会随之发生了相应的变化,它在改变人们的行为与思维方式时,也推动着人类信息管理准则的重新定位。在新的社会形态下,缺少了有效的管理机制和约束方法,大数据不仅不能造福人类,甚至还有可能给人类带来无穷的烦恼。

数十年来，社会隐私规范是由人们自己来决定是否、如何以及经由谁来处理个人的信息，把这种隐私权放在人们自己手中，这也是隐私规范的基本准则。在信息时代，这个基本准则却在演变成"告知与许可"的公式化系统[6]。当这种公式化系统机械地应用于人们生存的新空间时，人们也就不经意间将个人隐私权授权给了他人。

案例1.2-5　Facebook 数据泄露事件

脸书（Facebook）是一个社交网络服务网站，创立于2004年，截至2012年5月，该网站已拥有约9亿用户，成为世界著名的社交网站，并为越来越多的人所使用。2018年3月16日，Facebook 被曝光有超过5 000万名用户的资料遭到"某数据分析"公司的非法利用。这些数据被数据分析公司用于一个分析模型，从而精确地瞄准用户的"心理特征"，获得他们内心的需求并将此分析结果应用于政治活动中，精准发送个性化政治广告，以影响民众的选举。

Facebook数据泄露事件曝光后，引发了人们对该网站保护注册用户隐私的怀疑，该网站也承认在保护用户数据方面出现漏洞。受该事件的影响，Facebook的股价曾一度下跌，在两个交易日之内蒸发了近500亿美元。

（参考自"用户数据泄露　脸书市值蒸发500亿美元"，新京报，2018-03-22）

其实，Facebook此次"数据门"事件并非偶然发生，在互联网快速发展的时代，人们的数据越来越多地暴露于网络之中，衣食住行、社交习惯都能在其中有迹可循。与此同时，个人信息泄露的风险增加，使恐慌在公众当中发酵，个人数据泄露事件大幅上升。人们在享受互联网带来的优势与便利的同时，也被互联网记录着越来越多的个人数据（图1.2-7）。

图 1.2-7 数据泄露

在信息时代,随着人们生存时空的拓展,新的社会秩序也在不断地建立,这就需要全世界人民联合起来,共同针对这些新的社会秩序建立起新的行为规范和法规。2015年12月,来自全球120多个国家和地区及20多个国际组织的2 000多位代表,参加了第二届"世界互联网大会——乌镇峰会"。与会代表在"互联互通 共享共治——构建网络空间命运共同体"主题下,围绕"互联网建设、发展和治理"等问题展开讨论。经过参会专家咨询委员会的讨论,大会组委会提出《乌镇倡议》,指出要"尊重网络空间国家主权,保护网络空间及关键信息基础设施免受威胁、干扰、攻击和破坏,保护个人隐私和知识产权,共同打击网络犯罪和恐怖活动。"可见,生存于不断拓展网络时空中的人们也要有意识地注重个人数据安全,保护好个人相关数据,维护好新时空的社会秩序。

如今,数据作为一种"生产资料"的重要性已得到充分认识。数据应用于社会生产中,就需要通过合适的方式提供给不同类型的用户,为社会发展提供多样化、普惠性的数据赋能,改变社会的生产方式,推动社会的进步。当然,在数据公开、数据交换、数据共享和数据利用已成大势所趋时,无论是政府机构、企业还是个人,都在创造数据、管理数据和使用数据,每个公民都应形成基于数据来思考问题、解决问题、做出决策的思维方式,掌握获取数据、分析数据、运用数据分析结果、解决问题的基本技能,形成在这样的过程中遵守法律和尊重伦理道德的素养[7]。

第3节　信息时代：进入智慧社会

> 信息时代是一个科技、产业和资本两两之间高度耦合、深度迭加的时代。随着人工智能与其他科技的加速融合创新与聚变发展，人类社会正在日益逼近新一轮变革的临界点，社会形态将全面系统演进，智慧社会将作为信息社会的一个发展阶段，是继农业社会、工业社会之后的一种更为高级的社会形态。人们的生产生活方式出现以智能化为标志的新变革，国际产业链布局和分工体系受智能化引导形成新格局。

一、智慧社会：未来已来

智能社会是信息技术的发展和普及带来的，**回顾信息技术推进社会发展的历程，数字化、网络化和智能化是三条相辅相成、相融相生的主线**。数字化奠定基础，实现数据资源的获取和积累；网络化构造平台，促进数据资源的流通和汇聚；智能化展现能力，通过大数据的融合分析呈现信息应用的类人智能，帮助人类更好地认知复杂事物和解决问题。当前，智能技术的发展与应用使信息时代进入了新阶段，即以数据的深度挖掘和融合应用为主要特征的智慧社会[8]。

案例1.3-1　中国智慧城市

20世纪90年代以来，智慧城市的概念在世界各地悄然兴起，许多国家都在积极开展和策划智慧城市的建设。我国城市建设开始在"数字城市"建设的基础上转向"智慧城市"建设的探索。智慧城市是在物联网、云计算等新一代信息技术的支撑下形成的一种新型信息化的城市形态。

2013年1月,我国住房城乡建设部公布首批国家智慧城市试点名单。首批试点共90个,其中地级市37个,区(县)50个,镇3个,自此加快了推进中国智慧城市建设的步伐,智慧城市的建设成为提升现代城市科技实力、总体实力、综合竞争力和品牌影响力的战略制高点。

随着技术的发展,智慧城市先后经历了以"计算机+互联网为基础、电子政务和电子商务为主要应用场景"的1.0时代,以"智能手机+移动互联网为基础、移动支付为主要应用场景"的2.0时代,以"物联网为城市神经网络、人工智能为城市大脑"的3.0新时代(图1.3-1)。智慧城市3.0涉及大数据、人工智能、5G[1]网

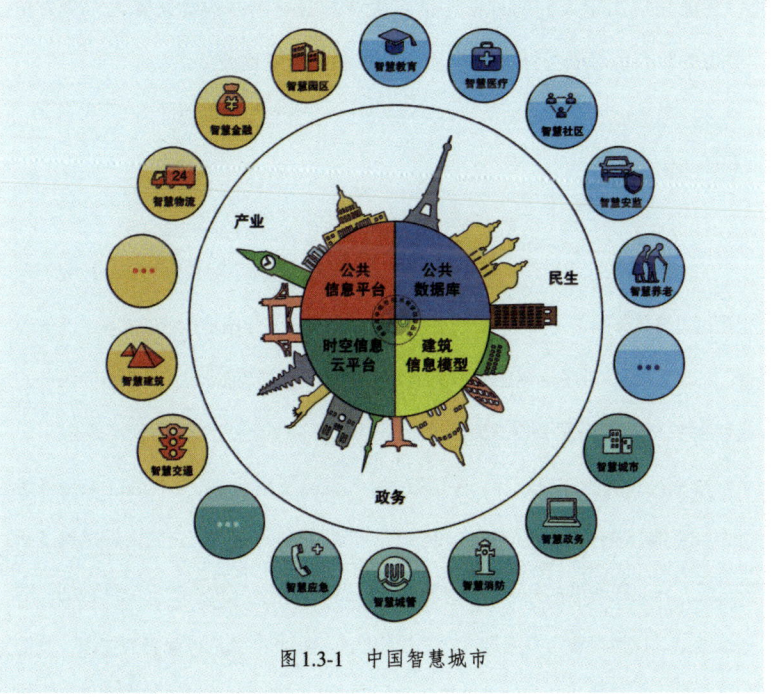

图1.3-1 中国智慧城市

---

[1] 5G,fifth generation,第五代移动通信技术,相对于4G,5G不仅仅只是简单的更新迭代,而是革命性的变革。在技术的推动下,5G将为万物互联构建一个创新体系,并从根本上推动各行各业的变革,拉近人与人、人与物、物与物之间的距离,让人们更好地感知世界,驱动连接型社会的构建。

络、物联网和云计算等多方面的整合。以人工智能为驱动,以无人驾驶技术为代表的智慧交通正在成为被关注和发展的焦点。

(参考自"国家智慧城市试点名单公布,部分城市已初步确立建设模式",大众网,2013-02-01)

面对新一轮技术革命和产业变革,建设智慧社会也是我国在新时代把握信息化带来的重大机遇、以信息化推动经济社会发展的战略部署。我国也正在充分利用物联网、云计算、大数据、人工智能等新技术,将数字化、网络化、智能化应用于人们的日常生活、生产和服务中,构建立体化、全方位、广覆盖的社会信息服务体系,推动经济社会高质量发展。

案例

案例 1.3-2　用智能化推动国家治理的精细化

加强和创新社会治理,推进社会治理精细化,构建全民共建共享的社会治理格局可以有效解决"人民日益增长的美好生活需要和不平衡不充分的发展之间的矛盾",实现"让人民生活更加幸福美满"的愿望。治理精细化包含从系统到细节的各种层次,而智能化则是治理精细化在全过程和在各种层次的技术基础和保障。

根据行业统计,2017年,中国智能手机保有量超过10亿,再加上其他类型的智能终端,总量为11亿左右。智能终端就是铺路石之一,它为人们提供了新的社交方式,在各种社会综合治理和综合服务系统中,它就是社会治理精细化的一个终端。民情民意可以通过智能终端和社交网络即时到达决策者的终端,政府决策过程和治理措施又很快通过智能终端公示全社会,这样就构成了双向全通的"宽阔大路"。

例如，作为国家扶贫工作重点县，上饶县通过优化数字化资源配置，利用智能化手段加强教育治理，利用"互联网+"模式开展农校共建系列活动，通过网络发送"给家长的一封信"，只需要后台一点，几千名家长瞬间都能收到学校的通知。班主任不仅能在后台看到哪位家长没有阅读，还可以进行点对点的信息传输，使家校沟通更加便捷。

（参考自"智能化对治理精细化的重要意义"，国家治理周刊，2018-04-13）

人工智能与传统产业的融合发展构成了新的智慧产业体系。借助移动互联网技术，传统制造商可以在制造领域的工业产品上增加网络软硬件模块，实现用户的远程操控、数据自动采集分析等功能，改善工业产品的使用体验；基于云计算技术，一些互联网产业打造了统一的智能产品软件服务平台，为不同生产商提供技术支持，优化用户的使用体验；运用物联网技术，生产部门可以将生产设施接入网络，实现生产设备的数据自动交换、触发动作的实时控制。智能工具赋能社会各个领域，引发了国家竞争实力的重新定位。

案例

案例1.3-3　上海洋山深水港"智能码头"

2017年12月10日，由我国自行设计建设的全套装备全球最大、智能化程度高、具有完全自主知识产权的上海洋山深水港区四期自动化码头正式开港（图1.3-2），这标志着中国港口行业在运营模式、技术应用以及装备制造上实现了跨越式升级与重大变革。

全智能是洋山自动化码头最大的亮点。在忙碌而井然有序的码头上，一批穿

图 1.3-2　洋山深水港码头

梭不停的智能自动引导运输车（Automated Guided Vehicle，AGV）通过智能控制系统，根据实时交通状况提供最优的路线，遇到运行路线拥堵，系统便会重新规划路线。除了无人驾驶、自动导航、路径优化、主动避障外，一个集装箱从远洋货轮转移到陆路运输还需要多个环节，而这一切都由"桥""台""吊"组成的"巨型机器人"协同完成。

洋山四期投产10台岸桥，最大载荷65吨，其中7台主要用于大型干线船舶作业，起升高度49米，外伸距可达70米，并支持双吊具作业；"台"是岸桥中转平台，在这里安装机械臂和传送装置后，可以对集装箱锁钮进行全自动拆装；"吊"是轨道吊，主要用于堆场作业，与AGV和集装箱卡车进行作业交互。自动化码头可实现24小时作业，通过远程操控、自动操控，不仅码头效率比过去有了质的提升，还能把二氧化碳排放量下降10%以上。

（参考自"中国又建成一个全球最大！上海智能码头如何做到'无一人'"，搜狐网，2017-12-11）

智慧社会是一种基于新一代信息技术的新型社会，是人类社会发展进程中的一次全方位、系统性变革，深刻改变着个人、企业、政府、社会之间的互动关系，重建着社会治理模式。生活于其中的每一位成员都应了解智慧社会发的展特征，理解智能工具的特征与作用，掌握智能工具的应用方法，学会与智能工具打交道。

二、人工智能：赋能新时代

人工智能作为新一轮产业变革的核心驱动力，在催生新技术、新产品的同时，对传统行业也具备较强的赋能作用，引发了经济结构的重大变革，实现社会生产力的整体跃升。人工智能帮助人类准确地感知、预测、预警基础设施和社会安全运行的重大态势，并做出决策反应，显著提高社会治理能力和水平。

1. 智能平台助力行业间的协作

人工智能创新平台逐步成为智慧经济中最富活力的组成部分，很多新兴技术产业正在由产业链一体化向平台一体化演进。目前，在很多人工智能平台中的开源智能工具研发取得了很大的成果，对深度学习领域产生了很大的影响。开源智能工具使得开发者可以直接使用已经研发成功的智能工具解决生活、生产中的问题，减少二次开发，提高效率，促进人工智能与产业界的紧密合作和交流。国内外产业界也意识到通过开源技术建立产业生态的优势，纷纷抢占新兴产业的制高点。

2017年11月，我国科技部召开的"新一代人工智能发展规划暨重大科技项目启动会"确立了"百度、阿里云、腾讯、科大讯飞"首批国家新一代人工智能开放创新平台，这也标志着我国新一代人工智能发展规划和重大科技项目进入全面启动实施阶段。

 **案例**

案例1.3-4 百度人工智能开放平台

2016年,百度人工智能开放平台开始对外开放百度开发的人工智能技术,提供EasyDL[1]定制化训练和服务平台、理解与交互技术UNIT[2]、iOCR[3]自定义模板文字识别等(Artificial Intelligence, AI)定制化平台(图1.3-3),帮助用户更快速地使用智能工具,应用人工智能的技术去创新。2017年,百度人工智能开放平台成为国家公布的首批新一代人工智能开放平台。

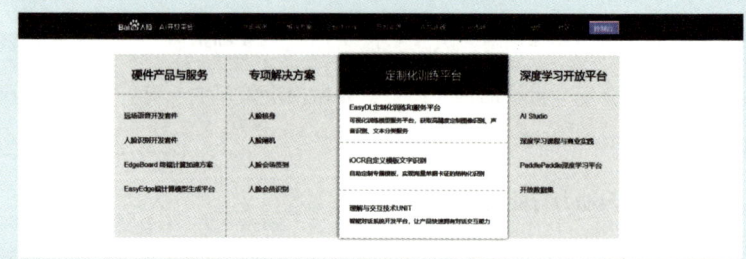

图1.3-3 百度人工智能开放平台

百度人工智能开放平台开放的智能工具被广泛地应用在文化娱乐、企业服务、教育培训、金融等各个行业当中。例如,一项非常基础的人工考勤(或门禁)的功能,应用就非常广泛,包括进楼通行都有的人脸识别闸机,食堂、咖啡厅、面包店都可以用人脸识别技术进行支付。再如用文字识别去自动录入一些票据,使得财务的工作量大幅度减少。此外,被广泛应用的呼叫中心场景,百度人工智能技术可以自动检查客服和客户对话过程中语言是否恰当,可以进行智能外呼,机器和客户

---

1 DL,deep learning的缩写,EasyDL的意思是让深度学习更加简单。

2 UNIT,understanding and interaction technology的缩写,理解与交互技术。

3 OCR,optical character reader的缩写,光学字符阅读器。iOCR为自定义光学字符阅读器,iOCR自定义模板文字识别平台是一款可以针对固定版面票据、卡证实现自动分类并实现字段名与字段值对应提取的OCR产品。

展开比较固定的对话流程,这些都可以大幅度降低企业管理和运营的成本。

(参考自"百度AI开放平台,共建AI生态"百度人工智能开放平台,2018-09-26)

2. 机器翻译搭建人类沟通的"桥梁"

机器翻译是利用计算机将一种语言自动翻译为另外一种语言的技术。近年来,随着深度学习的研究取得较大进展,基于人工神经网络的机器翻译技术逐渐兴起。该技术是通过拥有海量节点(神经元)的深度神经网络,自动地从语料库中学习翻译知识,一种语言的句子被向量化之后,在网络中层层传递,转化为计算机可以"理解"的表示形式,再经过多层复杂的传导运算,生成另一种语言的译文。该技术实现了"理解语言,生成译文"的翻译方式,这种翻译方法最大的优势在于译文流畅,更加符合语法规范,使人容易理解。

 案例

案例1.3-5 "科大讯飞"语音翻译

科大讯飞在语音识别、语音翻译领域取得了较好的成绩。讯飞翻译机2.0支持中文与英、日、韩、法、西、德、俄等33种语言进行实时准确翻译。通过自主研发的神经网络机器翻译技术,以句式文法、词模文法、关键字等多重机制,可准确识别语音内容,匹配用词和语句的习惯,使上下文的语义理解更为准确,能够真实地表达出翻译效果,并且实时同步时下流行的新词汇与相关词库里的句式、关键词等,使得准确率可超过95%。

讯飞翻译机2.0为博鳌亚洲论坛指定翻译机,被投放了500台左右,翻译机的使用覆盖了大会现场、入住酒店、外宾通道等重点翻译场景，取得了较好的应用效果。在2018年"两会"上，讯飞翻译机2.0的听见转写系统在中文直播字幕基础上进行了创新升级，支持大会工作报告的直播字幕，并进一步推出了中英文实时字幕。智能语音翻译让更多的人享受到快速、便捷的语言沟通体验。

（参考自"现在你也可以拥有一台博鳌亚洲论坛指定的翻译机，环游世界说走就走"，搜狐网，2018-04-23）

互联网将全世界连接在一起，语言障碍已经成为21世纪社会发展的重要瓶颈，实现任意时间、任意地点、任意语言的无障碍自由沟通是人类追求的一个梦想。在社会快速发展的进程中，机器翻译将扮演着越来越重要的角色。

3. 认知智能技术促进人机的融合

20世纪80年代，发明家雷·库兹韦尔（Ray Kurzweil）提出了"技术奇点（singularity）"一词，将此定义为"人工智能与人类智能兼容时刻"，在此时刻人工智能的发展达到与人类智能同等的程度，实现人工智能与人类协调发展。从人工智能的发展来看，早期阶段的人工智能是运算智能，机器具有快速计算和记忆存储能力；大数据时期的人工智能是感知智能，机器具有视觉、听觉、触觉等感知能力；随着类脑科学的发展，人工智能也在向认知智能层面发展，即机器能理解、会思考。

2018年，一家公司生产的超仿真机器人索菲亚（Sophia）在电视节目上与人类自由交流，成为"网红"机器人。对话中，索菲亚流露出的喜悦、惊奇、厌恶等表情，真实地反映了"人"的特征。就是这个机器人，不但获得了沙特国籍，而且被联合国开发计划署亚太局任命为有史以来第一位"非人类"创新大使，这位创新大使随后还在联合国发表了就职演讲，引起社会轰动。写稿机器人、客服机器人、陪伴机器人等具有认知特征的智能工具开始越来越多地出现在人们的身边，更进一步深入人类的各种生活场景。认知智能的发展将使人工智能与人类的相处模式发生本质的变化。

三、进入智慧社会：生存与发展

信息技术与社会各领域的融合与创新，推动人类社会进行着一次全方位、系统性变革，加快了人类进入智能社会的进程。在此过程中，各种各样的智能工具改变着人们的生产生活方式，重构个人、企业、政府、社会之间的互动关系，给人类社会的发展走向带来持续且深远的影响。生存于智慧社会中的公民需要理解智慧社会，提升信息素养，学会和智能工具打交道，从容地生活在智慧社会中。

1. 人工智能带来社会建设的新机遇

社会经济的快速发展加剧了社会问题的产生，大气污染、全球变暖、交通拥堵、恶性流行疾病等使人们对未来世界充满了担忧。人工智能的发展与应用，利用信息技术使人们高效利用资源，促进成本和能源的节约，改进服务交付，提高生活质量，减少对环境的影响，支持创新和低碳经济，实现智慧技术高度集成、智慧产业高端发展、智慧服务高效便民，持续创新，推动各个行业的变革，为智慧社会的发展创造了条件。

人工智能与制造、农业、物流、金融、商务、家居等行业的融合创新，提升了各个产业发展的智能化水平。智能制造、智能农业、智能物流、智能金融、智能商务、智能家居等推动了人工智能与实体经济的深度融合，优化了产业发展环境，形成数据驱动、人机协同、跨界融合、共创分享的智能经济形态。**可以说，人工智能的发展和应用为社会各行业提供了"换道超车"的新机遇。**

> 案例

案例1.3-6 "虚拟试衣"——人工智能助力服装产业

当前线上购物的一大痛点在于,无法直接抚摸、触碰到商品,消费者对于商品的认知来源于图片,无法即刻试穿试用。尤其是服装的网销,尺码不统一和图片色差的影响,会导致退换货的问题。

近年来,人工智能技术的迅猛发展正在逐渐解决这些难题。"虚拟试衣"帮助用户找到更适合于他们的服装。"虚拟试衣"的核心是通过人体形态数据收集、算法推理,打造一个与用户身材一样的3D模特。同理,衣服实体也通过数字化模拟,通过两者的结合,能够形象地展示虚拟穿衣效果,并且合理推荐尺码、搭配等(图1.3-4)。

图1.3-4 虚拟试衣

从智能应用发展来看,"虚拟试衣"其实只是一个开始,在进行虚拟试衣的同时,还可将获得的更贴合用户的数据,包括身材数据、喜好数据、尺码匹配数据等,在用户允许的情况下加以利用,这将对服装行业产生根本性的影响,尤其在目前行业中存在的一些有迫切需求的方面,例如预售、导购、个性化定制、智能打版、服装设计等,虚拟试衣不只是"试",而且通过人工智能为整个服装产业创造了机遇。

(参考自"人工智能+新零售=?6个案例让你看明白",搜狐网,2017-08-10)

2. 智慧社会让每个社会成员面临新挑战

智慧社会的快速到来对国家治理和个人发展带来了一系列新挑战。互联网带来的个人隐私泄露、网络权利的不对等以及人工智能对就业的冲击也都会引发新的问题。例如,今天还存在的行业用工职位,明天就有可能被人工智能所取代;网络用户无意中留下的个人数据,也有可能会成为不良分子的诈骗工具;个人网络存储空间的信息可能成为"黑客"用来交易的资本,等等。可见,信息技术在为人类提供这样或那样便利的同时,也对每一位社会成员提出了挑战。

 案例

案例 1.3-7 勒索病毒与网络安全

2017年5月,一种名为WannaCry[1]的勒索病毒(图1.3-5)袭击了全球

---

1 WannaCry,一种"蠕虫式"勒索病毒软件,利用Windows操作系统端口存在的漏洞进行传播,并具有自我复制、主动传播的特性。

150多个国家和地区,影响领域包括政府部门和医疗服务、公共交通、邮政、通信及汽车制造业。勒索病毒文件一旦被用户点击打开,就会通过服务器上传本机信息并下载加密公钥和私钥;然后,将加密公钥和私钥写入注册表中,遍历本地磁盘中的Office文档、图片等文件,对这些文件进行格式篡改和加密;加密完成后,还会在桌面等明显位置生成勒索提示文件,指导用户去缴纳赎金。

图1.3-5 勒索病毒

勒索病毒真正的威胁程度可以说是超出了人们的想象和理解,如果用一个词来说,就是"极其恐怖"。这次勒索病毒的爆发,也给人们敲响了警钟,让人们对网络攻击引起足够的重视,在以后的网络现代化生活中,应该具备信息安全意识与能力,养成经常备份自己关键资料的习惯,以防被攻击,而且也不要过多地依赖于网络。

(参考自"已勒索了150多个国家的WannaCry病毒,或出新变种!",搜狐网,2017-05-16)

如今，信息技术作为先进生产力的代表，已经成为世界上很多国家经济发展的重要支柱和网络强国的战略支撑。信息技术的快速发展深刻影响着社会的经济结构和生产方式，加快了全球范围内的知识更新和技术创新，推动了社会信息化、智能化的建设与发展，催生出现实空间与虚拟空间并存的信息社会，并逐步构建出智慧社会。全新的社会环境重塑了人们沟通交流的时间观念和空间观念，不断改变着人们的思维与交往模式，深刻影响着人们的生活、工作与学习。信息技术已经超越单纯的技术工具价值，为当代社会注入了新的思想与文化内涵。提升社会公民的信息素养，增强个体在信息社会的适应力与创造力，对个人发展、国力增强、社会变革有着十分重大的意义[9]。

第二章
信息时代的公民必须具备信息素养

信息技术的普及推动了经济社会各领域的深入发展。在全新的数字化环境中,人们的科学发现模式、技术应用模式、经济发展模式、社会交流模式不断地发展变化。当然,信息技术在促进社会经济发展、推动社会进步的过程中,也引发了新的危机,信息安全的挑战、隐私的泄露、网络诈骗、恶意攻击等,不仅危害到个人安全,甚至危及国家安危。加强公民信息技术教育,全面提升公民信息素养是保证个人生存和国家安全的基石。

第 1 节　信息素养的发展

> 从学术研究角度来看,信息素养并不是一个新的术语。早在20世纪70年代,美国信息产业协会主席保罗·泽考斯基(Paul Zurkowski)就提出信息素养的观点,他认为信息素养是"人们在工作和生活中,利用各种信息资源解答问题的能力"[12]。此后,随着人们生存环境的变化、获取信息的方法与工具的发展,信息素养被赋予了更丰富的内涵。

一、信息素养:从"基本常识"到"核心素养"

1. 指向"基本常识"的信息素养

20世纪90年代,计算机和网络技术的快速发展使得信息总量迅速增长,如何有效利用信息技术工具(以计算机或网络为主)处理信息、解决具体问题成为信息技术教育关注的重要内容。1989年,美国图书情报协会认为"具有信息素养的公民,具有能够根据个人的信息需要,有效地检索、评价和使用信息的综合能力"。1998年,英国政府将信息与通信技术(Information Communication Technology,ICT)列入国家中小学课程,将教育目标界定为:①了解和使用信息技术;②学习利用信息技术开展各学科的学习;③培养学生利用信息技术解决问题的能力。2000年,我国教育部在北京召开的"全国中小学信息技术教育工作会议"上决定在中小学普及信息技术教育,提出信息技术教育的主要任务就是要"培养学生的信息素养"。可见,信息素养成为继"读、写、算"之外又一项重要的社会生存能力。但是在具体实施过程中,如果将信息素养教育简单等同于技术工具的操练,甚至是机械的符号记忆,这不仅不能培养学生的信息素养,甚至还会降低学生对信息技术课程的学习兴趣。显然，如果在教学过程中过于强调技术工具记忆或操作性的内容，教材也就只能沦落成为某些软件的"培训教程"，在教学过程中也就很难发展学生的信息素养。

> **案例**
>
> 案例2.1-1　Windows 操作系统菜单中"…"的功能，你还记得吗
>
> 　　当越来越多的软件学习进入中小学课程中时，中小学生信息技术教育也就有可能成为"记忆命令"和"应用操练"的过程。翻开我国20世纪90年代末和21世纪初的中小学信息技术教材，其中的很多内容是对软件的操作应用，有些还要求学生记住菜单栏中的菜单项和快捷键，教材明确要求学生记住菜单的特殊标记，例如，Windows 菜单中有如下标记（图2.1-1）。
>
> - 带▶的标记，表明此菜单为级联菜单——菜单下还包含有菜单。
> - 带有…的标记，表明执行此菜单命令将显示一个对话框。
> - 带有√的标记，表明该菜单是一个复选菜单，并正处于选中状态。
> - 带有●的标记，表明该菜单为单选菜单，在菜单组中，同一时刻只能有一项被选中。
>
> 　　针对教材中的内容，信息技术考试题中也就出现了以下考题。
>
> 　　Windows 菜单选项常用特殊符号表示约定的含义，这些符号有（　　）。（多选题）
>
> A. …　　　　　　B. 向右的黑色三角形　　　　C. 左侧出现X
>
> D. 左侧出现√　　E. 左侧出现*

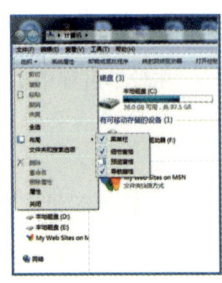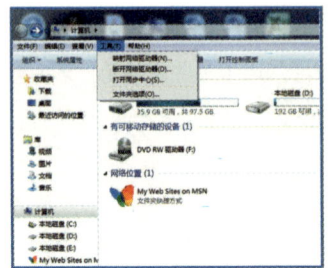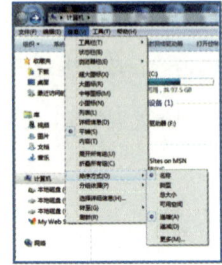

图 2.1-1　菜单项中的特殊符号

20世纪90年代关注的信息素养是指向"基本常识"的信息素养，从英文原意来看，Literacy（素养）具有"能读、能写、有文化"之意，是一种常识性的文化素养。基于"基本常识"的信息技术教育主要是将"信息处理能力"与"读、写、算"作为同等重要的生存技能，强调了信息技术工具的掌握和信息处理方法。这种将信息处理的知识技能、过程与方法融入学生解决问题的真实情境之中，帮助学生养成良好信息技术应用习惯的常识教育，无疑为学生认识"信息高速公路的路标，掌握其中的规则"，在信息社会中健康成长创造了条件。但是，基于"基本常识"的信息技术教育主要强调的还是信息技术工具的操作和一般解决问题过程中信息技术的应用，它并没有从信息系统的角度分析人、技术、社会之间的关系，淡化了技术工具应用中的潜在功能和方法特征。事实上，这种教育理念忽视了学生对信息技术学科思维方法的理解，缺乏对学生批判性分析能力的培养，也就容易造成"当学生微笑地享受着信息环境中的娱乐，却不知为何而微笑时，当学生控制着'电游'操作杆，却被'电游'所控制时，其世界就已不再是美丽新世界"的问题[11]。

2. 指向"核心素养"的信息技术教育

近年来，移动通信、大数据、云计算等新技术的发展使得信息技术工具与社会各领域的融合更加紧密。伴随着新一代数字化工具成长起来的"数字土著（digital native）"潜移默化地具备"更快利用网络获取信息，善于并行工作，适合图形学习"[12]的社会优势。但是，同样因为"数字土著"一代过于依赖数字化工具，也出现了"沉迷手机、网络上瘾"等现象，甚至导致"网络自闭症"的心理问题。针对"数字土著"对"现实空间与虚拟空间"认识层面的误区，信息技术教育就不应局限于一种应用常识的教育，同样需要培养学生的计算思维，引导他们像"信息技术学科专家"一样，从学科方法层面思考"人、技术、社会"的关系，合理应用信息技术处理信息问题，实现从"数字土著"向合格的"数字公民"发展。

2012年，美国计算机教师协会在社会调研的基础上明确指出信息技术教育已不只是"技术工具功能的掌握"，更应从"计算思维""合作与交流""计算实践与编程""计算机和交流设施的应用""社区、全球化和伦理道德"等方面发展学生的核心素养，帮助学生更好地理解和生存于信息社会中。2014年，英国对其中小学ICT课程标准进行了修订，将课程更改为"计算（computing）"，明确提出发展学生计算思维等素养。

基于核心素养的信息技术教育注重"综合应用"和"问题解决"等高层次能力的发展。其一，强调综合能力发展，突出信息知识、技能、情感态度的综合发展，注重学科方法的掌握，而非割裂地教育某一方面；其二，强调信息技术的情境性教育，突出在具体情境中开展信息技术教育，发展学生利用学科方法解决问题的能力，而非简单的机械操作。由此可见，基于核心素养的信息技术教育不仅是要求学生掌握基本的信息技术知识与技能，也关注学生在具体情境中利用信息技术解决问题的能力和学科特有的科学方法，强调学科核心素养培养，要求学生在信息活动过程中理解人、技术与社会的关系，希望学生能够像"信息技术学科专家"一样思考、理解信息社会的问题，引导新一代的"数字土著"成长为合格的"数字公民"。

3. 信息社会的发展丰富了信息素养的内涵

作为在数字化环境中成长起来的"数字土著",他们具有较强的信息技术接受能力,能自发地应用技术工具,较好地适应数字化环境特性。但是,在信息社会中,教育者也应注意到信息技术的广泛应用不仅创设出丰富的技术应用环境,也潜移默化地催生了新的学科概念、关键能力以及独特的技术应用行为规范。作为合格的"数字公民",不应仅局限于技术应用与工具操作层面,还应该理解数字技术在社会应用中的核心概念、学科方法以及具有学科特征的交流形式,合理应用学科方法解决现实问题,按照信息社会行为规范,负责任地开展信息活动,具备在信息社会适应、生存与发展的基本素养。

从"基本常识"到"核心素养"的信息技术教育是从"一般信息技术应用常识"到"学科核心素养"的发展。"基本常识"关注的是信息技术的应用能力,是一般常识性的教育。学科核心素养是学科育人价值的集中体现,是学生通过学科学习而逐步形成的正确价值观念、必备品格和关键能力,它强调的是信息技术特有的学科方法以及应用学科方法解决问题的能力,是数字环境下胜任力的培养。指向"核心素养"的信息技术教育,一方面可从"量"上减少专业知识的学习内容,减轻学生学习负担;另一方面可从"质"上强调学科方法的学习,避免出现"学了一公里宽,只有一英寸厚"的问题[13]。因此,从课程理论来看,指向核心素养的信息技术课程设计是在综合考虑学科内容、学习者特征和社会需求的基础上将信息技术的"知识与技能""过程与方法"与"情感态度价值观"的整体考虑和综合组织,为"数字土著"向合格的"数字公民"发展创造条件。

二、新时代我国学生需要具备的信息素养

在以互联网为基础的虚拟世界里,传统的国与国之间的边界已被打破,无时无刻不在的互联,贡献着无时无刻不在的商机,也暗藏着无时无刻不在的危机。"阿里巴巴"们可以把"中国制造"销售到世界各地,"斯诺登"们则能够轻易窃得全球各方位的信息。为了在推动社会进步和发展的同时,抑制和抵抗信息技术普及和发展带来的各种危害,加强网络信息管理,推进互联网治理体系和治理能力现代化是当务之急,而长治久安之道则是不断增强公民自身的信息素养。

2018年,我国完成了对高中信息技术课程标准的修订,明确提出信息技术是一门旨在全面提升学生信息素养,帮助学生掌握信息技术基础知识与技能,增强信息意识,发展计算思维,提高数字化学习与创新能力,树立正确的信息社会价值观和责任感的基础课程[14]。这次课程标准修订依据《中国学生发展核心素养》,聚焦学科关键能力,进一步丰富了信息素养的内涵,适应新时代信息社会的发展需要。

 案例

案例 2.1-2 《中国学生发展核心素养》的发布

2016年9月,《中国学生发展核心素养》在北京发布。学生发展核心素养指学生应具备的、能够适应终身发展和社会发展需要的必备品格和关键能力,是关于学生知识、技能、情感、态度、价值观等多方面要求的综合表现。学生发展核心素养体现为文化基础、自主发展、社会参与三个领域,表现为人文底蕴、科学精神、学会学习、健康生活、责任担当、实践创新六大素养(图2.1-2)。

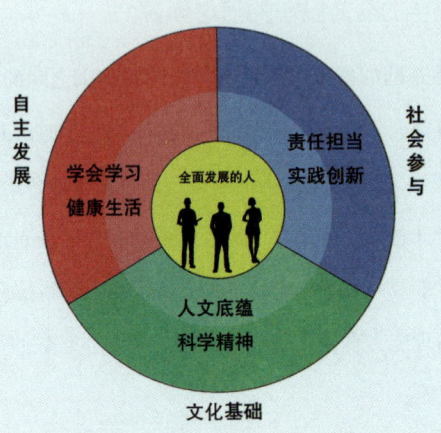

图2.1-2 中国学生发展核心素养

学生发展核心素养是对素质教育内涵的具体阐述,可以使新时期素质教育目标更加清晰,内涵更加丰富,也更加具有指导性和可操作性。此外,核心素养也是对素质教育过程中存在问题的反思与改进,全面系统地凝练和描述学生发展核心素养指标,建立基于核心素养发展情况的评价标准,有助于全面推进素质教育,深化教育领域综合。高中信息技术课程标准也正是在学生发展核心素养的指导下进行修订和完善的。

(参考自"《中国学生发展核心素养》发布",人民网,2016-09-14)

信息素养的内涵并不是始终不变的,它会随着信息技术的发展及其对社会的影响,不断地丰富和完善。新时代信息素养随着数字环境和发展需求的变化,其核心要素表现为信息意识、计算思维、数字化生活与创新和信息社会责任,它们也构成了信息技术学科的核心素养(图2.1-3)。

图2.1-3 信息素养的核心要素

1. 信息意识

当社会从一种形态发展到另一种形态时,生存于其中的人们最重要的就是要具有在这种新社会形态中的意识与情感。只有敢于面对和正确理解这种新变化,才能更好地适应和推动这种社会形态的发展。

> **案例**
>
> **案例 2.1-3 增强信息意识,提高自我防护能力**
>
> 随着互联网的普及,我国上网人数逐年增多,网络诈骗、网络病毒等网络安全事件也不断出现,给人民群众造成了极大的危害。据《2017—2022年中国网络安全行业发展前景预测与投资战略规划分析报告》分析,2014—2018年,网络诈骗受害者经济损失金额逐年上涨。2014年人均损失为2070元,截至2018年上半年,人均损失已经上涨至1.61万元,损失金额4年来上涨近8倍。
>
> 从被骗者年龄分布来看,具有一定上网能力、上网时间较长,同时又缺乏足

够社会经验的年轻人是网络诈骗的主要受害人群。具体来讲，2000年后出生的网络诈骗受害者数量最多，占总数的38.6%，他们成为网络诈骗的重要目标；其次为90后，占比为31.90%；80后占比为11.60%，70后占比为5.00%，60后占比为1.00%，其他年龄段占为11.90%（图2.1-4）。

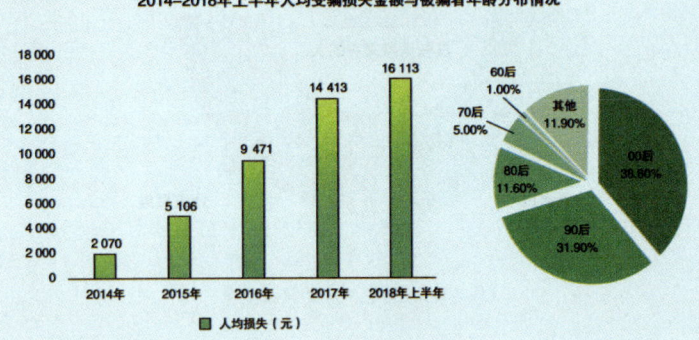

图2.1-4　2014—2018年上半年人均受骗损失金额与被骗者年龄分布

在这些受害人员中，不乏高学历人员，也有高校教授和社会精英。例如，有一科研博士遭遇"冒充公检法"的电信诈骗，在未核对信息的情况下，几天内通过网络被骗80多万元。可见在信息时代，加强全民信息安全教育，提高个人信息保护意识是信息技术教育的一项重要任务。

（参考自"00后成为最大的网络诈骗受害者群体"，搜狐网，2018-08-01）

信息意识是指个体对信息的敏感度和对信息价值的判断力，主要表现在解决问题过程中，能够按照需要自觉、主动地寻求恰当的方式获取与处理信息；敏锐地感觉到信息的变化，分析数据中所承载的信息，采用有效策略对信息来源的可靠性、内容的准确性、指向的目的性做出合理判断，对信息可能产生的影响进行预期分析，为解决问题提供参考；在合作解决问题的过程中，愿意与团队成员共享信息，实现信息的更大价值。可见，信息意识反映在主动使用、自我保护和协作共享等方面。缺少了信息意识将引发许多问题，或故步自封，对信息时代新生事物不闻不问；或沉迷网络，丢掉自我保护的屏障；或夜郎自大，缺乏与他人进行信息交流与共享的精神。

事实上，每个人的信息意识并不是天生就有的，也不是一蹴而就可以形成的，而是生存在信息社会中循序渐进的发展过程。从教育发展来看，就是要解决学生在信息社会活动中"主动（自觉）与不主动（不自觉）、安全与不安全、协作与不协作"等方面的矛盾。例如，《普通高中信息技术课程标准（2017年版）》对信息意识水平划分中就指出学生要"主动关注信息技术工具发展中的新动向和新趋势，有意识地使用新技术处理信息""在日常生活中，根据实际解决问题的需要，恰当选择数字化工具，具备信息安全意识""根据不同受众的特征，能选择恰当的方式进行有效的交流"等。在信息社会中，如果不加强信息意识方面的教育，任由学生凭感觉使用信息技术，或"因噎废食"，完全排斥信息技术，都会产生这样或那样的社会问题。

 案例

案例2.1-4　信息社会的"套中人"与"网络瘾君子"

学校禁止学生使用智能手机。智能手机功能日趋强大，它在为人们创设便利的数字环境时，也引发了一些学生成长问题，学生频繁使用手机聊天、玩游戏，部分学生做"微商"等，在影响学生的正常学习和生活的同时，也给学校的教育教学秩序和管理带来了严重的影响。一些学校规定："学生禁止将手机带入校园，如有学生违规带手机进校园，出现不服从教育管理、拒交、顶撞管理老师等违纪行为，学校将依据相关的学生管理条例，对相关学生追加纪律处分，情节严重的予以留校察看或开除学籍，对涉及违法行为的学生，可交由司法机关进行处理。"事实上，无视学生生存环境的发展，武断地将学生与技术工具隔离开来，也会将学生变成与社会发展脱节的"套中人"。

学生网络上瘾，成为"网络瘾君子"。据调查数据显示，目前中小学生上网有80%以上是打游戏，15%~16%是交友聊天，真正查询资料用于学习的人数极少。一方面，上网占用了青少年学习、休息的时间；另一方面，部分青少年由于深陷网络的虚拟世界，造成课堂注意力不集中，上课期间逃学，甚至引发恶性事件等后果。例如，一名15岁的青年因上网成瘾，整天迷恋于网络游戏，平时少言寡语，精神呆滞，长时间逃学。其母见儿子如此沉迷，多次劝阻无效，将儿子锁在家中。五日后，这名青年因网瘾大发，同其母争吵几句后，便将其母杀死，酿成血案。

（参考自"深圳市深科精神心理"，http://mini.eastday.com/mobile/171030160048755.html，2017-10-30）

科学技术的创新与发展加快了人类认识世界和改造世界的步伐，减轻了人类的贫困、痛苦和灾难，提高了人类的生活质量，为人类更好地生存和发展奠定了坚实的物质基础。事实上，每一种新技术、新工具的发明与普及也必然会改变整个社会生态，并会出现新的社会秩序和相应的社会规范。可见，就科学技术本身来说，它并无好坏，只是人类在使用它们的过程中可能产生正面或负面的结果，而"教育"正是在新的社会生态中、新的科学技术应用中扮演着关键的"角色"。

因此，如果不顾整个信息社会发展大环境的变化，武断地将信息技术剥离出学生的生活与学习环境，"因噎废食"地决定，这很有可能降低学生的信息技术应用能力，使学生丧失未来生存在信息社会中的胜任力。如果没有注意到社会新秩序的出现，忽视对学生有针对性的信息意识教育，放任学生对信息技术工具的盲目使用，则会酿成学生成为技术工具"奴隶"的恶果。所以，加强学生的信息技术教育，提高学生怎样用、什么时机用、如何安全用的意识，才能使未来一代的社会公民更健康地生活在信息社会中。

2. 计算思维

信息技术的发展与普及，使得以"程序驱动"为特征的信息技术工具广泛应用于社会各个领域，其所隐含的"计算方法"也潜在地融入人们的生活、学习和工作实践中。随着信息技术与人们生活、学习与工作结合的日趋紧密，计算思维作为解决问题的一种独特的思维方式，正逐步走出其学科专业领域，成为数字化生存的一种普适能力。

 案例

案例 2.1-5　《红楼梦》还可以这样研究

《红楼梦》是我国四大名著之一，也是一部具有世界影响力的小说。文中采用的"真事隐去，假语村言"的特殊笔法更是令后世读者揣测遂多。围绕《红楼梦》的品读研究，形成了一门显学——红学。近些年来，将计算思维应用于《红楼梦》研究也展现了一片新天地。

有研究者采用开源软件统计红楼梦中各词汇出现的次数，然后用词频作为每个章回的特征，再采用"主成分分析"算法把每个章回映射到三维空间中，从而比较各个章回用词的相似程度，以此判断《红楼梦》的前八十回和后四十回是否为同一作者。

还有研究者将《红楼梦》中出现的人名通过"训练"过的模型进行分析，分析其中人物性格的相似度、角色关键度、相互关联情况，利用这种分析结果再去品读《红楼梦》中的细节，也得出不少新的观点。

（参考自"用Python分析《红楼梦》，后四十回是曹雪芹所写吗？"，搜狐网，2017-09-24）

计算思维是指个体运用计算机科学领域的思想方法，在形成问题解决方案的过程中产生的一系列思维活动。具备计算思维的学生,在信息活动中能够采用计算机可以处理的方式界定问题,抽象特征,建立结构模型,合理组织数据;通过判断、分析与综合各种信息资源,运用合理的算法形成解决问题的方案;总结利用计算机解决问题的过程与方法,并迁移到与之相关的其他问题的解决中。但是,在计算思维教育的具体实施中,不同的教师也产生了不同的观点。

 案例

案例 2.1-6 计算思维教育等同于编程学习吗

计算思维作为人们利用信息技术解决问题的形式化思维过程,它在中小学信息技术教育中已有所体现。但是作为一个全新的专业术语,计算思维教育的实施也引发了学界争论。调研访谈中,一位课程研究专家提出了以下质疑。

从历史沿革来看,信息技术教育是从计算机教育演变而来的。20世纪80年代,受"程序设计是第二文化"的影响,我国中小学计算机教育开展了BASIC语言和程序设计课程,这在一定程度上推动了中小学计算机教育的普及。但是将计算机教育简单等同于BASIC语言和程序设计也引发了"知识过难""方法枯燥""实施困难"的问题。那么,现在提出来的计算思维教育是不是又要转回到学习计算机语言和程序设计的课程呢?这会不会再次引发学生认为该课程"没意思""枯燥"和"学不懂"的问题呢?

(参考自2015年4月17日北京信息技术课程研讨会)

计算思维作为人们生存于信息社会的一种独特思维方式,与早期程序设计教育相比有着更丰富的教育内涵和社会需要。计算思维教育不能简单地等同于编程学习,编程只是发展学生计算思维的一种方法。它更关注以下几点。

其一，掌握信息技术学科领域的思想方法。即在信息活动中能够采用数字化工具可以处理的方式界定问题，抽象特征，建立结构模型，合理组织数据，通过判断、分析与综合各种信息资源，运用数字化工具可处理的方法设计解决问题的方案。

其二，将信息技术学科领域的思想方法与其他领域相结合，创新解决问题的新模式，也可称为"**计算思维+**"。即再将信息技术学科领域的思想方法与其他领域的内容相结合，使得人们发现和解决问题的方式**从"基于观察"到"基于实验"，再到"基于数据"持续发展。**

其三，依据学科领域思想方法合理选用信息技术工具，利用信息技术工具解决问题，并能实现这种解决问题能力的迁移。即通过计算思维的培养，人们不会因为技术工具的发展或问题情境的变化而"茫然无措"。

可见，为了更好地适应信息社会，**计算思维教育决不应局限于"程序设计的代码操练"**，要更注重通过适合学生学习的方式（当然，这些方式也包括编程学习）引导他们理解与掌握利用信息技术解决问题的学科方法，提高学生解决问题的能力，发展学生的信息素养[15]。

3. 数字化学习与创新

信息技术在社会各领域中的应用，体现的是以信息技术为最基本的生产母体，与其他行业生产要素"嫁接"所延展的各种可能性，这一"嫁接"所能发挥的功能、产生的效应不仅仅是二者简单的相加，更是一种新形态的创新。日趋成熟的数字环境为实现这种"嫁接"创造了条件，也为每个领域在这种"嫁接"过程中形态的创新提供了可能。因此，生存于信息时代，社会成员已不应局限于一个社会适应者，更应该是一个创新者，将自己所在领域与数字化环境"嫁接"，为社会创造出新的成果。

案例

案例 2.1-7 "数字化厕所革命"让旅行更美好

上海虹桥火车站自2010年投入使用以来,客流量年年创下新高。为了让旅客体验更高效的虹桥火车站,车站管理部门推出"遇见即美好"的行动,数字化创新成为一个突出亮点,"数字化厕所革命"即是一项代表性举措。

虹桥火车站在公厕门口安装了"厕位智能引导系统"(图2.1-5),屏幕上不仅显示厕所内的空间平面图和各个厕位分布,还用交替变换的红绿人形图标表示厕位使用情况,红色代表有人,绿色代表无人,旅客一看屏幕就能清楚厕位状态。据工作人员介绍,每个厕位都安装了红外线人体感应器,当人进入厕位后,就会有所感应,智能引导系统也就能自动更新厕位状态,帮助旅客更方便地使用厕所。

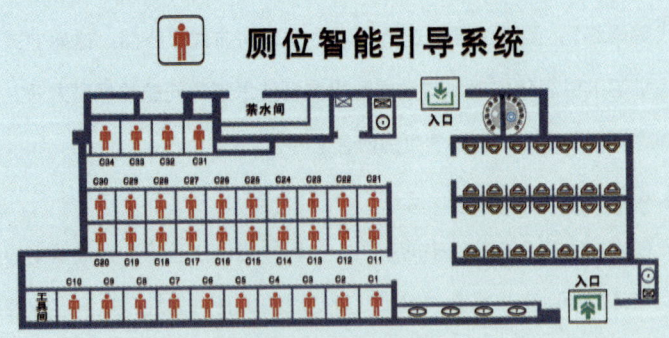

图2.1-5 厕位智能引导系统

"厕位智能引导系统"的进一步优化使该系统还可具备其他多种创新功能。旅客可以打开"微信公众号"来查找附近的厕所,查看剩余厕位情况。系统分析收集来的用户数据,统计厕所使用频率,包含单个厕位的统计和整体卫生间的统计,并且可以进行科学分析,得出某时段使用频率最高的卫生间或者某个厕位,通过数据分析改造厕所空间。

（参考自"着急上厕所？上海虹桥火车站'厕位智能引导系统'带你去"，搜狐网，2017-09-07）

信息技术与社会各领域的融合给各行业带来了新的生机和活力，新一代社会公民就需要掌握在这种环境中学习与创新的技能。数字化学习与创新是指个体通过评估并选用常见的数字化资源与工具，有效地管理学习过程与学习资源，创造性地解决问题，从而完成学习任务，形成创新作品的能力。具备数字化学习与创新能力的学生，能够认识数字化学习环境的优势和局限性，适应数字化学习环境，养成数字化学习与创新的习惯；掌握数字化学习系统、学习资源与学习工具的操作技能，用于开展自主学习、协同工作、知识分享与创新创造，助力终身学习能力的提高。

 案例

案例 2.1-8　数字化学习与创新不等同于"说明书"式的操作练习

《普通高中信息技术课程标准（2017年版）》强调"普通高中学校要根据学生人数多少、教学课时的需求，设立能满足各模块教学需要的信息技术教室和信息技术实验室"。信息技术实验室的建设与应用应为数字化学习与创新创造条件。但是，如果只是将实验室的活动等同于一步一步的操作练习，就很难体现信息技术实验室的意义。例如，一些教科书在网页活动中设置了以下操作性实验。

任务：利用FrontPage软件建立网页间链接关系，完成网页跳转。

第一步：设置"文本超链接"。用编辑软件打开制作中XXXX网站的主页，拖动鼠标选择导航栏上的文本内容作为链接点，从"插入"菜单中选择"超级链接"，在弹出的对话框中指定网页所在的"目标框架"，单击"确定"按钮即建立一个超链接。

第二步：设置"图片超链接"。打开网页，把光标置于页面中标题栏的图片，选择"插入"→"超级链接"，打开编辑框，输入网站首页地址，建立返回首页"超链接"。

第三步：设置"热点超链接"。打开网页，单击本栏目录菜单图片，选择工具栏中的一种"热点"按钮，拖动鼠标，指定热点区域，插入热点对应的超级链接地址。

数字化学习与创新教育是信息素养的重要组成部分，它是要培养学生具备利用数字化工具开展自主学习、协同工作、知识分享与创新创造的能力。如果在信息技术教学中过于强调软件一步一步的操作练习，忽视技术工具有在具体情境中问题解决能力的培养，这不仅不能发展学生的数字化学习与创新能力，甚至还会引发学生对信息技术课程的错误理解。

发展学生的数字化学习与创新能力不应该，也不能跟着"说明书"式的教学内容一步一步地操作，这种操作练习式教学不仅难以发展学生的数字化学习与创新能力，甚至还有可能因为亦步亦趋的学习方式减弱学生的数字化创新意识。改变传统教学方式，通过项目活动开展教学，引导学生在具体情境中解决问题，以此掌握知识技能，发展学生的数字化学习与创新能力，这是对教师教学、教材开发、资源建设等方面的新挑战。

4. 信息社会责任

信息技术拓展了人们的生存时空，它在改变着人们生存环境的同时，也改变着其中各个要素之间的关系，使得整个社会生态发生了变化，建立起新的社会秩序，出现了新的法律、法规和伦理道德。生存于其中的社会公民就需要担负起相应的责任，维持良好的信息社会秩序，推动信息社会的进步。

> 案例
>
> ### 案例 2.1-9 交易"计算机病毒"就是犯罪
>
> 2016年11月,某市公安分局刑侦大队发现辖区内有人通过制售木马程序盗取他人手机短信、通讯录等手机信息。在市局网监支队指导下,他们成功侦破一起提供侵入、非法控制计算机信息系统程序的案件,抓获制造、出售木马程序犯罪嫌疑人1名和盗刷银行卡犯罪嫌疑人3名,缴获笔记本计算机、手机、U盘[1]、银行卡等作案工具。
>
> 犯罪嫌疑人通过网络论坛下载木马病毒程序,并将木马程序编制改造成可盗取手机通讯录、短信、银行卡等信息的一套新木马病毒程序,然后设立了自己的QQ群——"某某工作室",通过百度贴吧、QQ群发布广告,以一定的价格出租、兜售木马病毒程序给诈骗分子。据调查,犯罪嫌疑人出租、兜售木马病毒程序20余次,非法获利2万余元人民币。
>
> (参考自"男子制作木马网上出售被抓",东莞日报数字报纸,2016-11-02)

信息社会秩序需要与之相适应的法律法规来维护,2017年6月1日起正式施行的《中华人民共和国网络安全法》就明确规定:"任何个人和组织不得从事非法侵入他人网络、干扰他人网络正常功能、窃取网络数据等危害网络安全的活动;不得提供专门用于从事侵入网络、干扰网络正常功能及防护措施、窃取网络数据等危害网络安全活动的程序、工具;明知他人从事危害网络安全的活动的,不得为其提供技术支持、广告推广、支付结算等帮助。"

生存于信息社会中,每个社会成员都要学习《中华人民共和国网络安全法》,遵守国家法律,担负起维护信息社会秩序的责任。信息社会责任是

---

1 U盘,USB flash disk,USB闪存盘。

指信息社会中的个体在文化修养、道德规范和行为自律等方面应尽的责任。具备信息社会责任的学生,具有一定的信息安全意识与能力,能够遵守信息法律法规,信守信息社会的道德与伦理准则,在现实空间和虚拟空间中遵守公共规范,既能有效维护信息活动中个人的合法权益,又能积极维护他人合法权益和公共信息安全;关注信息技术革命所带来的环境问题与人文问题;对于信息技术创新所产生的新观念和新事物,具有积极学习的态度、理性判断和负责行动的能力。

> **案例**
>
> ### 案例 2.1-10　互联网不是法外之地
>
> 　　一些社会成员由于缺少必要的信息法律知识和责任意识,在网络空间盲目地信谣、传谣,给社会带来了极大的危害,违反了互联网法律,受到了相应的惩罚(图2.1-6)。
>
>
>
> 图2.1-6　互联网不是法外之地
>
> 　　2010年2月20—21日,关于"山西一些地区要发生地震"的消息通过短信、网络等渠道疯狂传播。由于听信"地震"传言,山西数百万群众2月20日凌晨开始走上街头"躲避地震",山西省地震局官网也一度瘫痪,严重影响了社会生产生活秩序。
>
> 　　山西省公安机关立即对谣言来源展开了调查,查明了造谣和传谣者。其中35岁的

> 打工者李某最先将道听途说的消息编写成"你好,二十一号下午六点以前有六级地震,注意"的手机短信息发送并传播。事实查明后,李某被晋中市公安局榆次区分局行政拘留7日。一名20岁的在校大学生傅某在网上看到有关地震的贴文后,便在百度贴吧发布贴文:"我爸的一个朋友,国家地震观测站的,也是打电话来,说地震的概率很大!大约是90%,愿大家好运!这绝对权威!"事实查明后,傅某被行政拘留5日。
> (参考自"多起网络谣言影响大 传山西地震百万人街头避难",搜狐新闻,2012-04-17)

信息技术普及度越高,社会各领域也就越离不开信息技术,信息技术推动了社会进步,随之也产生了某些不稳定因素。网络谣言会比其他方式传播得更快,更易引发社会动荡;各类计算机病毒让信息安全人员疲于防范,潜在影响着系统的安全运行;网络诈骗更具有隐蔽性,欺骗产生于千里之外。因此,这就需要加强社会公民信息社会责任教育,让他们自觉担负起信息社会的责任,提高信息社会生存的自我保护能力,共同维护好信息社会秩序。

三、信息素养要素关系分析与教育实施

信息素养是"人"的素养,这种素养可以帮助人们处理好人、信息技术和社会的关系,让人们从容、幸福、富有使命感地生存于信息社会。信息素养的各个要素相互支持、相互渗透,同时也有着各自的特征。

1. 信息素养各要素具有鲜明特征和独特内涵

信息意识、计算思维、数字化学习与创新、信息社会责任作为信息素养的四个要素,每个要素都有着鲜明的特点和独特的内涵。信息意识主要表现在对信息的敏感性、对信息准确性的甄别能力以及对信息隐私和安全的保护自觉性;计算思维是要自觉利用计算机科学技术方法分析实际问题,解决实

际问题；数字化学习与创新包括适应数字化环境，利用数字化资源和工具提升终身学习质量和生活幸福感，开展创新和协同创新；信息社会责任是要自觉遵守信息安全相关法律，尊重信息安全相关道德伦理，杜绝有意或无意利用信息或信息工具危害国家、社会和他人。信息安全关乎国家安全，维护国家安全则是每一个公民的社会责任。在教学过程中，需要针对各要素的特征设计相应的教学内容和教学方法；在信息素养培养过程中，要注意各个要素之间的不同点，并且针对这些不同点采用与之相适合的方式。

> **案例**
>
> ### 案例2.1-11 以"辩论会"方式培养信息社会责任
>
> 活动目的：组织班级同学开展一场信息技术与社会问题的辩论会，引发学生对信息社会责任的思考，进一步理解人、信息技术和社会的关系。
>
> 活动任务：设计与信息社会责任相关的辩论主题，例如"维护信息社会安全重在健全法律""维护信息社会安全重在发展安全技术"。同学们可围绕相应的辩论主题进行资料准备、观点交流和小组成员分工。
>
> 活动过程：做好组内分工，明确每个小组成员的任务。抽签确定正方和反方。明确小组观点和立场，以及各辩手的任务，做好辩论会前的准备。
>
> 组织正反方按照所确定的辩论主题展开辩论（图2.1-7），评判专家根据正方和反方在整个活动中的表现进行评分，对辩手的观点进行分析和点评。
>
> 主持人根据评判专家、正方和反方及观众的反映，对整个活动进行总结、评价。引导学生对信息社会责任的重要性进一步加深认识，明确信息社会每位成员需要承担的社会责任。

图2.1-7　在"辩"中培养信息社会责任

2. 信息素养各要素相互支持，对学生发挥整体作用

"人"的成长是一个全面、整体发展的过程，在具体教育实践中采用"割裂、对立或标签式"的方法来发展学生的素养，只能停留在教育的"形式"层面，很难渗透到学生心灵深处，因此在信息素养培养与提升过程中，就需要分析各要素教育中的"衔接点"，以"衔接点"为抓手，通过教育教学活动将信息素养要素进行融合，从而达到具备素养的整体表现。例如，《普通高中信息技术课程标准（2017年版）》中对"信息意识"的要求有"具备选用信息技术工具进行信息安全防范的意识"，从安全保护的自觉性方面对学生素养发展进行了要求，而对"信息社会责任"的要求中有"在信息活动中，具有信息安全意识，尊重和保护个人及他人的隐私"，这样从信息安全的角度来看，信息意识和信息社会责任就有了一个"衔接点"，它们相互支持，对学生的成长发挥整体作用。基于此，在教学过程中，就不能将四个核心素养割裂开来教学，而应在教学过程中相互融合，通过项目活动的方式，对学生的信息素养进行综合培养。

案例

案例 2.1-12　什么是项目学习

基于项目的学习是指学生在教师引导下发现问题，以解决问题为导向开展方案设计、新知学习、实践探索等具有创新特质的学习活动。从项目学习的过程来看，一个促进学生学习的项目应该包括以下几部分（图2.1-8）。

项目情境：创设符合学生学习经验的真实情境。主要是激发学生学习兴趣，引导学生进行项目活动，其中也融入了所要学习的知识技能和需要解决的主要问题。

项目任务：是指学生在项目活动中需要完成的几项任务，以及每项任务完成后的显性成果，将任务转化成"驱动问题"，明确项目的活动成果。

项目过程：提供技术"脚手架"，帮助学生在活动过程中多方协作，或合作或自主地完成任务，掌握相应的知识与技能。

项目评价：提供项目评价标准、方法和工具，教师、学习者或学习伙伴根据所提供的评价资源对项目成果进行评价，给出完善学习成果（作品）的建议。

项目学习在很大程度上还原了学习的本质，这种基于真实情境的学习能促进学生对信息问题的敏感性、对知识学习的掌控力、对问题求解的思考力的发展。项目实施过程中，各种能力的综合也促进了学生信息技术学科核心素养的形成。

图2.1-8　项目学习的特征

3. 信息素养是分阶段发展的，不同阶段有不同的特征

信息素养的教育是一个逐步发展的过程，它需要根据受教育者的认知程度、生活经历以及技术背景，按照信息素养的特征分阶段、持续地开展。这种分阶段、持续性教育一方面体现的是分年级逐层递进式的教育，另一方面体现的是一个整体性的教育。因此，在信息素养教育中就需要设计不同学段的信息素养发展要求，这些发展要求并不是孤立的，而是彼此关联的，指向了"人"的信息素养教育。为了更好地将信息素养教育落实到课堂教学中，《普通高中信息技术课程标准（2017年版）》通过水平划分的方式将信息意识、计算思维、数字化学习与创新、信息社会责任逐层进行了学习要求的表述。表2.1-1所示为计算思维的水平分级表述。

表2.1-1 高中学生计算思维的水平划分

水　　平	计 算 思 维
预备级	（1）在日常生活中，认识数字化表示信息的优势。 （2）针对给定的简单任务，能够识别其主要特征，并用流程图画出完成任务的关键过程。 （3）了解对信息进行加工处理的价值、过程和工具，并能够根据需求选择适当的工具。
水平1	（1）针对给定的任务进行需求分析，明确需要解决的关键问题。 （2）能提取问题的基本特征，进行抽象处理，并用形式化的方法表述问题。 （3）运用基本算法设计解决问题的方案，能使用编程语言或其他数字化工具实现这一方案。 （4）按照问题解决方案，选用适当的数字化工具或方法获取、组织、分析数据，并能迁移到其他相关问题的解决过程中。

续表

水 平	计 算 思 维
水平2	（1）针对较为复杂的任务，能运用形式化的方法描述问题，并采用模块化和系统化方法设计解决问题的方案。 （2）正确区分问题解决中涉及的各种数据，并采用适当的数据类型表示。 （3）针对不同模块，设计或选择合适的算法，利用编程语言或其他数字化工具实现各模块的功能。 （4）利用适当的开发平台整合模块功能，实现整体解决方案。
水平3	（1）对基于信息技术的问题解决方案，能够依据信息系统设计的普遍原则进行较全面的评估，并采用恰当的方法迭代优化解决方案。 （2）能把利用信息技术解决问题的过程迁移到学习和生活的其他相关问题的解决过程中。

信息社会的持续发展与进步赋予了信息素养丰富的内涵，它不再局限于机械地操作应用信息技术工具，也不是计算机科学的专业学习，而是通过信息素养教育引导学生理解人、信息技术和社会的关系，感悟"程序驱动"的数字化工具的特征，发展人的信息意识、计算思维，具有一定数字化学习与创新能力，使社会公民担负起信息社会应尽的责任，成为合格的信息社会公民。

第2节 信息素养、科学素养、人文素养的关系

> 素养是通过各种教育和自我修炼形成的,一个人的基本素养可以包括世界观、人生观、价值观、审美观、使命观、幸福观、安全观等,而信息素养、科学素养和人文素养又分别刻画了素养的各个方面。在信息社会中,一个人要具备信息素养、科学素养和人文素养,才能用整体和发展的眼光看待素养在日常活动中的作用和体现,理解它们之间的关系。

一、信息素养与人文素养相互融合

人文素养是指人所具有的人文知识和由这些知识内化成的人文精神,具体表现为人的文化品位、审美情趣、道德修养等丰富的精神世界。人文素养是一个人外在精神面貌和内在精神气质的综合表现,也是一个现代人文明程度的综合体现。科技的进步使人们的生活越来越丰富多彩,享用到越来越令人称心如意的功能性事物;而人文素养的发展可以让世界展现更多的维度,**理性而从容地生活在这个社会中**。随着时代的进步,人文素养也得以持续的发展。

信息技术使人们的生活更加便利,也让社会环境更加复杂多样。信息素养的提升不仅需要掌握生存于信息社会中的知识与技能,还强调信息伦理道德的发展,**让社会公民理性、从容地生活于信息社会中**,信息素养本身也就融入了文化品位、审美情趣、道德修养等人文素养的特征,富有时代的特色和鲜明的特点。

1. 传统文化与数字文化融合

科技在丰富人们物质生活的同时,也发展了人们的精神文化生活,在这

个丰富多彩的世界中,人们的社会生活也是多种多样的。移动终端、网络通信、人工智能等科技的发展改变了信息的传播方式,推进世界不同文化的对接与交流。但是,全球信息总量的快速发展在方便人们获取信息的同时,也引发了"信息疲劳综合征""网络内容良莠不齐""手机控"等问题。信息科技发明与创新是为了更好地解放人类,而不是"束缚"自己,提高社会公民的数字文化品位、发展数字文化鉴赏能力成为新时代的人文素养的重要组成部分。

 案例

案例 2.2-1 "低头族",你丢失了什么

在当今这个信息时代,越来越多的人加入了"低头族"的行列。他们在路上行走时低头看手机,在朋友聚会时低头看手机,在用餐时低头看手机。虽然手机方便了人与人的沟通和交流,世界因为手机的存在,正在变得越来越小,但是手机也带来了一些危害和问题,缺少了对数字生活的正确认识,"低头族"的生活正变成一张"冰冷"的平板。

"低头族"丢掉了和谐的家庭文化。在家庭生活中,丈夫拿手机看新闻,妻子拿手机读小说,儿子拿手机玩游戏,爷爷奶奶不会玩智能手机只能选择看电视。家庭中那种和谐温馨的感觉荡然无存,每个人都存在于自己的虚拟空间中。

"低头族"丢掉了公共秩序文化。低头看手机,不注意周围行人、车辆等交通状况,发生交通事故的可能性增大(图2.2-1)。据报道,某人在路上边骑电瓶车边看手机,没有注意到前面车辆因红灯停车,结果追尾撞到了前面的车辆。还有人因为看手机过于投入,撞到路灯的立杆上。

图 2.2-1 "低头族"扰乱正常的公共秩序

"低头族"丢掉了身体保健文化。长时间低头看手机,容易得颈椎病。据报道,某位19岁的小伙子因为长时间看手机导致颈椎畸形。也有人曾在床上偷偷地看手机直至半夜,第二天眼睛红肿,迎风流泪。

(参考自"低头族错过了真实生活中的美好",搜狐网,2017-01-30)

有"信息知识"并不代表一定有"信息文化"。信息素养教育是在数字化环境下对人文素养的发展,使得生存于"数字化地球村"中的成员能相互理解、相互尊重、相互包容,共同推动社会文明的进步。缺少了符合信息时代需要的文化品位和修养,或"缺少自信,盲目跟风",或"抱残守缺,妄自尊大",这都不利于一个人、一个国家和一个民族的文化发展。

2. 传统审美与数字化审美融合

信息技术在推动社会进步的过程中,也创造着社会的美。利用信息技术将现实美与数字美进行融合,使得"美"跨越时空,超越边界,打破垄断,让全体社会成员共享美的感受。例如,数字博物馆、数字美术馆、数字图书馆,让人们在数字化中感受到真实的美。因此,生活于信息社会中的公民在传统审美情趣的基础上会逐步发展数字化审美情趣,感受信息技术的美,创造信息技术的美。

> **案例**
>
> ### 案例 2.2-2 文物数字化让文物遗产永留存
>
> 2018年9月,巴西国家博物馆因发生大火导致几千万件收藏品毁坏,一些专家表示,部分文物有望以3D影像技术重新复制。自2000年开始,罗马研究人员便与巴西国家博物馆展开了合作,运用3D扫描及打印技术,将馆内300多件重要文物记录在案。
>
> 专家指出,这些3D扫描的图像文件和模型将对文物修复工作有很大帮助。在复制过程中,研究人员利用3D打印技术,采用树枝或尼龙粉作为材料,将数据库里的图像文件打印出来(图2.2-2)。为了使文件更有象征意义,材料里还会加入火灾现场的黑炭。世界文物遗产在3D技术的支持下得以永久留存。
>
>
>
> 图 2.2-2 用 3D 技术修复文物
>
> 事实上,3D打印技术在文物修复方面已经得到了应用。英国梅德斯通博物馆使用3D打印技术,重塑了一具有2 500年历史的木乃伊的脸部。通过数据扫描和信息重组,技术人员用3D打印技术将木乃伊的面部重新创建了出来,并将其展出用以参观。
>
> (参考自"借助3D打印技术 巴西国博藏品'起死回生'",长沙广电短秀,2018-11-27)

信息技术改变了艺术存在的方式，其所具有的互动、虚拟、跨时空、集成等功能拓展了艺术的创作手段与空间，这也使人们的审美意识发生了深刻变化。信息素养教育也从传统审美拓展至数字审美，提高了人们在数字环境下的审美能力，进一步丰富了人文素养的内涵。

3. 传统道德修养与信息社会伦理的融合

进入信息时代，信息技术与社会各领域的深度融合催生了各种各样的新生事物，这些新生事物在改变人们的生活、学习和工作方式的同时，也在潜移默化地改变着社会生态，对人们在信息社会中的行为方式、道德水准等有了新的要求。例如，《普通高中信息技术课程标准（2017年版）》中要求学生能"遵守基本的信息法律法规，按照社会公认的信息伦理道德规范开展信息活动""正确认识现实社会身份、虚拟社会身份之间的关系，合理使用虚拟社会身份开展信息活动"。在信息社会中，传统道德修养与信息伦理道德相融合，一方面提高了个人的文化修养，另一方面也使人们更好地融入信息社会。

案例

案例2.2-3 共享单车中的不文明现象

"共享单车"是"互联网＋单车"的一种创新，这种新兴出行方式一进入社会就得到了人们的认可，手机装上共享单车APP的市民通过骑共享单车实现绿色出行，解决了"最后一公里"的问题，也保护了社会公共环境。但在使用共享单车时，也出现了一些不文明行为。

例如，有人将共享单车的车号抹去（图2.2-3），再上一把私锁，心安理得地将共享单车据为己用；有人骑完共享单车后，将车直接搬进自己的家中，以便于随用随骑；更有甚者将共享单车藏匿在一个角落，自己不骑，别人找起来也不方便，失去了共享的意义。

图 2.2-3　共享单车"不共享"

可见,要使共享单车系统能运转流畅,只有信息技术环境还是不够的,还需要公众具备较强的公共意识、契约精神和信息化伦理道德,具有了数字化环境和设备,公民还需要具备与之相适应的信息素养。倡导社会公民共同爱护车辆,文明用车,出台相应的规范强制约束不文明用车行为,对违法损毁行为依法予以处罚,以此维护运营秩序。

共享单车作为共享经济的一种方式,也成为折射社会文明的一面镜子,人们可以感受到共享单车带来的便利,也看到了社会中存在的不文明现象,**当共享单车为每个用户提供了一个"开锁"的机会时,它也打开了每个信息社会公民的"心锁"**。在新生事物不断涌现的网络环境中,与之相适应的信息伦理道德教育更需要跟上变化发展的步伐。随着公民素质的不断提高,信息社会文明一定会得到进一步的发展。

二、信息素养与科学素养相互支持

科学素养可以看作是社会公民应该具备的、最基本的对于科学技术的认识。从内容上看,它主要包括科学知识、科学研究过程和方法、科学技术对社会产生的影响等,也就是用科学的理论与方法去认识、解释各种自然现象和社会现象的能力。科学素养可以帮助个体公民应对社会生活中的问题和挑战，促进社会和谐发展。在面对健康、卫生、能源等一系列与个人生活息息相关的问题与决策时，科学的理念与知识能够帮助个人和家庭做出合理的判断和决策。

信息技术的进步推动了科技领域的发展，计算机、人工智能、移动通信等科技都已广泛地应用于人们生活、学习和工作中，公民信息素养的教育同样也就涵盖了与信息科学相关的知识与技能、研究过程与方法以及新技术对社会产生的影响等内容。在信息时代，信息素养与科学素养相互支持，共同促进，同步发展和完善着相互的内容结构。

1. 信息科技创新丰富了科学知识

计算与科学是密不可分的，计算不仅仅是一种数据分析的工具，更是一种用于思考和发现的方法[16]。信息科技研究的发展使得计算已不局限于技术领域的活动，也体现了科学领域的内容。彼得·丹宁在《伟大的计算原理》一书中将计算原理分为通信、计算、协作、存储、评估和设计六个类别。他认为计算具有跨越所有计算技术以及人工或自然的信息处理的基本原理，人们需要一种新的方法来刻画计算，就像望远镜之于天文学、显微镜之于生物学，计算机是计算的工具而非计算的对象。因此，包括计算机科学在内的信息科技领域不只是设计计算设备的工程领域，而是一门关于信息处理的科学，它的发展也进一步丰富了科学殿堂的知识。

 案例

案例 2.2-4　计算科学的基本原理与领域应用

计算领域的发展是建立在基本原理和实践的共同作用下的。彼得·丹宁等人以"知识体系"的方式对计算科学知识进行了系统化描述，通过"二维矩阵"将原理知识和实践领域进行了结合（表2.2-1）。其中，行代表不同类别的基本原理，列代表不同的实践领域。表中单元格交叉的地方表示领域所使用的基本原理。其中，一条基本计算定理可以出现在多个领域中，而一个领域中也可能会依赖多条基本原理。

表2.2-1　计算机科学的基本原理与实践领域

基本原理 实践领域	通信	计算	协作	存储	评估	设计
互联网						
信息安全						
虚拟存储						
数据库						
程序设计语言						

每一类基本原理反映了对计算的一种视角。例如，通信关注的是信息在不同位置之间的可靠传输；计算关注的是可计算性；协作关注的是有效地利用多个自主的计算实体；存储关注的是信息的表示、存储与读取；评估关注的是度量系统是否表现出预期的计算行为；设计关注的是通过特定结构的软件系统实现可靠性。

事实上，单纯将信息素养教育中的知识与技能等同于技术工具应用，这无异于丢掉了信息内在的科学特征，如同天文学家追求望远镜而失去天空、生物学家追求显微镜而失去生物、信息学家追求工具而失去了其处理的对象一样。因此，开展信息素养的教育，帮助学生理解信息时代科学发展的特征，在一定程度上也推动了科学教育的发展。

2. 信息科技创新促进科学方法的变革

科学方法是人们在认识和改造世界中遵循或运用的、符合科学一般原则的各种途径和手段，是指在科学活动过程中采用的思路、程序、规则、技巧和模式。计算机、网络、人工智能等信息科技的发展对科学研究也产生了广泛的影响。信息在各种科学领域中都具有非常重要的地位,现代信息技术工具对信息处理赋予了新的特征和功能。通过信息技术可以实现对信息的采集、表示、存储、加工和传输。此外,信息技术还加强了信息的生成,它在描述解决问题的方法过程中,还真正地去解决了这个问题。例如"人脸识别系统",通过获取信息并进行信息比对和判断,最终给出相应的分析结果。信息科技创新支持了自然科学和行为科学的发展,越来越多的科学研究工作也会直接借助信息技术开展,信息素养的提升也支持了人们科学素养的发展。

 案例

案例 2.2-5 引力波与数据尺

2017年的诺贝尔物理学奖终于颁给了"引力波"研究团队,以表彰他们为"激光干涉引力波天文台(Laser Interferometer Gravitational Wave Observatory,LIGO)"项目和发现引力波所做的贡献。在此研究过程中,大数据研究方法起到了重要的作用。

LIGO探测器中,数据和计算系统(Data and Computing Systems,DCS)是一个重要组成部分。LIGO获取的数据不但包括激光干涉仪引力波探测器输出的数据,还包括各种独立的对探测器的环境和探测器设备状态进行监控的探测器和记录仪,以及对引力波探测器内部的平面镜和透镜的位置等探测器自身状态进行监测的数据。

在对这些大规模数据进行处理的过程中,中国科学家也做出了重大贡献,他们设计了高速计算系统,用于引力波的数据分析、噪声分析和信号搜寻,为引力波数据分析提供了一把能高速运转、快速比对并确认的"数据尺"。在强大的计算资源与先进的算法支持下，通过有效处理所获取的巨大的数据量，支持了"引力波"的研究。

（参考自"'引力波'2017诺奖获奖团队的'巨星故事'"，网易新闻，2017-10-22）

信息技术与社会各领域的深度融合形成了一个全新的数字化环境。在此环境下，人们不仅需要具备传统的人文素养和科学素养，也需要具备与数字化环境相适应的信息素养。信息素养的提出与发展符合信息社会生存的时代需要，同时随着新文化与新技术的发展，也丰富了人文素养与科学素养的内涵。人文素养、科学素养和信息素养相互融合使得社会公民能更从容、自信、安全、和谐地生活于信息社会中。

第3节　信息时代需要具备信息素养的公民

信息技术作为当今先进生产力的代表，已成为国家经济发展的重要支柱和网络强国的战略支撑。自20世纪计算机问世以来，信息技术沿着"以计算机为核心"到"以互联网为核心"再到"以数据为核心"的发展脉络，深刻影响着人们的生存方式。人们的一天从早上起床就开始接受信息技术的影响：早间新闻是利用数字技术采编、网络技术传播的刚刚发生在全球的事情，职业发展课程是在线开设的，使用的工作设备是数字化的。如何面对和理解新的生存环境，这也考验着每一位社会公民，信息时代需要具备信息素养的公民。

一、提高信息素养，为学习方式变革做好准备

信息技术拓展了学习者的学习空间，丰富了学习资源，促进了线上与线下学习的融合，创造了一个全新的数字化学习环境。但是，如何发挥好数字化学习环境的作用，关键还在于学习者本身，他们要有能力在这种环境下开展学习，要具备在这种环境下发展的信息素养。2018年4月，我国教育部印发的《教育信息化2.0行动计划》中明确指出，要"充分认识提升信息素养对于落实立德树人目标、培养创新人才的重要作用，加强学生课内外一体化的信息技术知识、技能、应用能力以及信息意识、信息伦理等方面的培育"[17]。因此，当数字化学习环境日趋成熟时，加强学生信息素养教育，提高他们在数字化环境中的学习能力就显得尤为重要。

> 案例

案例 2.3-1 "电子书包"需要信息素养作保障

电子书包就是利用信息化教学的一种便携式终端,除了家校沟通功能外,电子书包还提供教育信息功能,比如数字化教学资源、学生成长过程记录等。目前电子书包已在全国很多城市的中小学中开始运用。

相比于纸质课本和传统教具,电子书包具有多媒体解析功能,通过视频、音频、动画、图片等多种媒体的配合展现,将问题情境直观生动地呈现在学生面前,让学生在形象生动的问题情境中积极探究,大胆质疑,可以在很大程度上提高教学效率,激发学生学习的主动性和积极性(图2.3-1)。

图 2.3-1 电子书包的应用

此外,电子书包的网络功能让学生在课堂上可以查到相关问题的数据资源、背景资料等。因此,电子书包的使用能够拓展学生的视野,实现学生的个性化学习,满足学生的个性化发展需求。

(参考自"'电子书包'颠覆课堂教学新模式",搜狐网,2017-10-23)

数字化、网络化和智能化赋予了信息时代学习的新特征。数字化使得学习资源存储简易、传输可靠；网络化支持学习资源的共享，突破学习时空的限制，创设出生动有趣的学习情境；智能化加强对学习者的个性化指导，能及时发现学习者在学习过程中的不足，有针对性地提供学习支持。信息技术工具在教育中的应用推动了学习者体验式学习、智能化学习和混合式学习的开展。

1. 体验式学习

将虚拟/增强现实技术、可穿戴技术与网络技术结合在一起，学习者通过可穿戴设备就能直接感受到学习内容的存在空间，将自己作为那个空间的一部分，体验新的学习空间，把整个学习资源变得更加立体。信息化资源从最初的网络单向传递到在线交互生成，再到线上线下体验，建构的方式得以不断发展。在这种全新的数字化环境中，体验式学习是数字化学习的一种新特征。

> **案例**
>
> **案例 2.3-2 带上 VR 眼镜，"进入"人体血液循环系统**
>
> 虚拟现实（Virtual Reality，VR）教学将传统的单向教育转化为认知交互和沉浸式体验模式，学生被带入微观或宏观的虚拟世界中，身临其境地观察、探究，激发出学习兴趣和好奇心，增强了学习主动性。它还将学科的复杂知识和抽象结构形象展现，帮助学生更好地理解知识（图2.3-2）。
>
> 2014年，某中学在选修课中将VR技术开发作为一项教学内容。利用VR单机设备，学生可以进入人体血液循环系统，观察了解细胞以及在显微镜下的细胞结构。在学习过程中，学生进入一个全仿真的学习环境中，可以根据自己的理解来感悟视频中的内容，学生投入度极高，课堂个性化教学效果良好。
>
> 该中学的老师介绍，在带学生做VR项目的时候，他发现学生对两件事特别感兴趣：一件是微观世界的无限放大，像血细胞、分子结构；另一件是对天体运动、

万有引力这类宏观世界的探索。"学生想着做一个太阳系,以VR的形式把太阳系虚拟出来,放在桌面上。"还有一些更基础的化学分子结构,给学生代码和基本的技术操作方案后,学生都可以实现。

图2.3-2 VR环境下的体验式学习

(参考自"最优秀的学校VS最前沿的VR技术",https://www.iyiou.com/p/39006.html,2017-02-10)

2. 智能化学习

大数据技术的发展,使得每一位学生一旦登录在线学习空间,网络教育平台就可以刻画出这位学生的学习过程和学习行为,发现该学生学习结果与教学目标的差异,预测哪些地方还需要弥补,哪些资源适合这位学生学习。在基于大数据分析的基础上,把学生的学习发展成一种精准的学习模式,使学习更加智能化。

> **案例**
>
> 案例2.3-3 智能学习平台让学习者更明白"要学什么"
>
> 互联网的开放、共享和互动,创造了一个开放时空,大数据与人工智能的发展也促进了智能学习平台的开发与应用。智能学习平台通过"人机结合"方式为学习者提供自适应学习(图2.3-3)。智能学习平台里记录着每位学员的所有学习行

为，系统基于学员的学习行为开展数据采集与数据分析，给出实时的动态调整建议；智能学习平台的教学专家则基于系统推送的信息调整教学计划，结合学员的实际情况，为学员制订个性化的学习计划。

图 2.3-3　智能学习平台

智能学习平台贯穿"学、练、改、测、评"整个学习流程，在"学"环节为学员提供基于知识图谱的任务清单式学习模式，在"练"环节提供基于推荐引擎的智能练习模式，在"改"环节提供机器智能批改加外教精细化批改模式，在"测"环节提供基于智能算法的仿真测评与考分预测模式，在"评"环节则提供实时的学习智能评价反馈模式。

（参考自"课网宣布打造人工智能化自适应学习网络平台"，光明网，2017-02-21）

3. 混合式学习

现实和虚拟学习环境相互交织、大数据和智能技术日趋成熟为线上线下开展混合式学习创设了条件。在全新的数字化学习环境中，信息时代要求学习者不仅要具有在课堂上进行资源学习、学习活动交流、自我管理和个人学习评价的能力，还要具有在网络学习环境中进行网络教学资源学习、在线活动交流、网络自我管理以及数据支持自我评价的能力，掌握混合式学习的工具与方法，在线上线下学习环境中能更从容地开展混合式学习。

> 案例

案例 2.3-4　技术工具支持混合式学习

混合式学习将线下学习和线上学习的优势结合起来，通过线上线下的学习理论、学习资源、学习环境、学习方式的混合，提供有针对性的关注点、灵活的学习安排、丰富的学习材料，从而达到预期的学习效果（图2.3-4）。信息技术的发展也为混合式学习提供了很多学习工具，"印象笔记"就是学习者常用的一种线上线下混合学习的工具。

图2.3-4　技术工具支持混合式学习

《印象笔记》可支持主流的平台系统，一处编辑，平台之间都可以同步。它支持网页版和移动网页版，通过网络终端可在浏览器中打开进行操作。利用《印象笔记》可以剪辑网页，将网页保存到《印象笔记》账户里。文字、图片和链接全都可以保存下来，还可以添加高亮、箭头等标注。它的共享笔记本功能允许不同用户之间共同编辑一个笔记，实现团队协作办公。

此外，思维导图、云笔记、Google Classroom[1]等信息技术工具也很好地支

---

1 Google Classroom，一款辅助老师教学的应用程序，可帮助老师布置教学任务、收集学生的反馈信息等。

持了混合式学习。在混合式学习过程中,学习者也要不断地改进自己的学习方法和工具。

信息技术在教育中的应用赋予了学习新的特征,也创新了学习方式。为更好地适应信息时代学习方式的变革,新时代学习者需要不断提升个人的信息素养,掌握相应的信息技术知识与技能,能够在全新的学习环境中根据需要选择合适的学习资源和学习方式开展学习,利用信息技术的学科方法实现数字化学习与创新。

二、提高信息素养,让新时代劳动者做好准备

信息技术创新成果与经济社会各领域深度融合,推动技术进步、效率提升和组织变革,提升实体经济创新力,形成更广泛的以互联网为基础设施的经济社会发展新形态,催生出新的生产方式和服务业态,促进了传统产业升级改造,加速了社会经济的发展。生产方式和服务业态的变化对于其中服务者的信息技术应用和创新能力提出了更高的要求,信息素养成为信息时代社会各领域从业人员的必备素养。

1. 现代农业需要具有信息素养的"新农人"

信息技术在农业领域的深度融合提升了农业生产、经营、管理和服务水平,培育出一批网络化、智能化的现代生态农业新模式,形成示范带动效应,加快了新型农业生产经营体系的建立,催生出多样化农业互联网管理服务模式,逐步形成了农副产品、农资质量安全追溯体系,促进农业现代化水平明显提升。农业现代化的发展对新时代农业工作者的从业技能提出了更高的要求,必须加强新时代农业工作者的信息素养教育,为现代农业的转型与发展做好优秀劳动者的储备。

> 案例

案例2.3-5 "新农人"弄潮互联网

有一位湖北的农民在没有自建系统开发团队、没有购买服务器的情况下,利用"移动互联网+农业"实现了"香稻嘉鱼大米"与移动互联网的连接,改变了农业的生产业态(图2.3-5)。

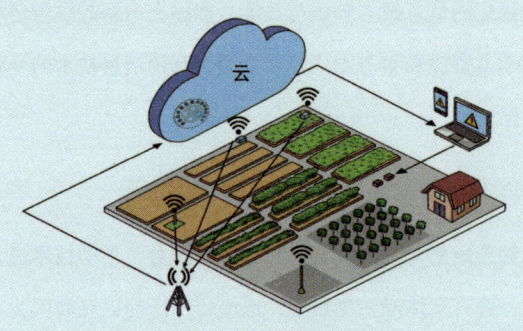

图2.3-5 新农业与"新农人"

这位农民采用了与外部移动互联网平台资源进行合作的"借力"方式,贴上"决不食品联盟"免费提供的"决不食品"标志,实现"香稻嘉鱼大米"的"互联网+农业"。"决不食品"标志内含有二维码,手机一扫,就会进入"香稻嘉鱼大米"的互联网页面,页面上有食品安全公开承诺视频、种养基地实时监控视频、食品安全责任险保单图片、食品安全有奖监督基金的公开信息等。

"互联网+农业"不仅让农产品更酷,更有附加值,也使农民产生了现代农业生产方式的新观念。这位湖北农民的故事无疑是"新农人"弄潮信息时代的成功案例,他的信息素养、实践经验和典型做法是现代"新农人"的典范。

(参考自"'新农人'弄潮互联网",中国科技财富,2015-04-20)

为充分发挥"互联网+农业"的生产优势,提高互联网环境下农业生产管理的质量，拓宽农民新型就业和增收渠道，需要大力提高农民对互联网应用的技能，帮助他们掌握"互联网+农业"实现的方法，以此推动现代农业生产方式的变革和发展。

2. 现代工业需要具有信息素养的"新匠人"

工业互联网作为新一代信息技术与制造业深度融合的产物，正日益成为新工业革命的关键支撑和深化"互联网+制造业"的重要基石，它将对未来的工业发展产生全方位、深层次、革命性的影响。在传统产业优化升级的过程中，需要新时代的"新匠人"在继承传统匠人优秀品质的同时，转换工作模式，能够将信息技术工具与传统制造业相融合，通过提升个人的信息素养，对传统制造业推陈出新，将传统产业发扬光大。

 案例

案例 2.3-6 互联网思维+工匠精神

2006年，山东滨州博兴县湾头村诞生了第一批网店，村民们开始在网上销售传统草编产品，并以网络私人定制的个性化生产服务代替旧的服务模式，销售渠道也实现了从过去的实体店、路边摊到电商平台的转变。这套几乎被"闲置"的民间手工技艺，通过互联网焕发了新的生机。

互联网让传统手工艺得以活态传承，也让这些传统匠人凭借技法发家致富。这些匠人甚至还借助电商平台的大数据分析，通过收集消费数据掌握市场动向，在保护和传承传统手工艺的基础上不断调整工艺，努力创新。

互联网带动了传统手工艺产业的发展，催生出了一批"电商化匠人"。身处"互联网+"时代，匠人需要具备"互联网+"思维，才能拥有更多机会，从幕后走向台前，也让传统手工艺品从小圈子走向大市场。

（参考自"当民间工艺遇上'互联网+'"，东方烟草网，2016-05-11）

在"互联网+"大潮中,越来越多的传统产业通过"触网"找寻新的出路。当然,这种"触网"并不是简单地改变销售渠道,而是一种经营思维和生产方式的变革,如果新时代"匠人"具备了良好的信息素养,就能更深刻地领会信息技术在产业变革中的作用,将信息技术与传统产业进行深度融合,使传统产业得到进一步的创新和发展。

3. 现代服务业需要具有信息素养的"新员工"

信息技术与社会各领域的融合不仅对经济发展有重要作用,也改变着行业的服务方式。互联网技术的扁平化特点提高了公共资源的利用效率,降低了消费成本,加快了基于互联网的医疗、健康、养老、教育、旅游、社会保障等新兴服务的发展,创新了服务模式,提升了个人服务的科学决策能力和管理水平。新的服务环境对服务业人员的专业技能也提出了新的要求。

 案例

案例 2.3-7 未来办公室与员工信息素养

数字化革命为办公室员工带来更加智能化的交流、互动与合作方式,最终推动了工作环境和组织的创新。未来办公室从技术工具、交流方式、统一接口、智能管理四个方面重构数字化办公空间,实现网络化办公空间到数字化办公空间的变革。

其一,利用云计算技术构筑敏捷的ICT基础设施,"公有云"方式提供基于一点接入、全球覆盖的服务,构建跨时空的团队组织。

其二,利用全新的沟通协作工具构筑基于活动的办公室空间,低成本、一体化终端让小型会议室也能快速变身远程协作空间。

其三,利用智能终端构筑移动化的办公空间,将移动设备打造成统一入口的移动化办公空间。

其四，利用人工智能技术构筑智能协作体验，个人的虚拟助理让低成本的全员效率提升成为可能。

（参考自"数字化＋智能化：重构未来企业的办公空间"，东方新闻，2018-06-29）

在信息时代大背景下，人们的办公环境也走向了数字化、网络化和智能化。通过运用云计算、新一代通信与协作、移动办公和人工智能等信息技术，重新定义了企业办公空间，改变了企业员工工作方式。全新的办公环境和办公模式，对其中的工作人员适应数字化办公提出了新的挑战。

三、提高信息素养，为数字化生活做好准备

信息技术在生活中的应用也改变着人们的生活方式。当身处陌生环境时，可以用智能手机上的电子地图进行自我定位，通过查询交通路线来规划到达目的地的方式；当预订车票时，会利用订票APP查询相应车次，在网络上完成车票的预订和付款；当进行信息交流时，能通过即时交流软件与朋友进行沟通，实现信息的共享与互动。

 案例

案例 2.3-8　乌镇的数字化生活

乌镇江南水乡的韵味已经与现代互联网气息融合共生，成为企业互联网创新的"展示窗"，数字化、网络化、智能化也逐渐成为这里的主题词。

进入乌镇景区，会发现"刷脸技术"代替了人工验票；免费 Wi-Fi[1]、支付宝

---

1 Wi-Fi，wireless fidelity，无线保真。按照 IEEE 802.11 标准实现无线局域网的技术。

收款码成了每个商铺的"标配";4G¹网络全覆盖;游览车和摇橹船上安装了GPS²和北斗双模定位系统,游客可手机"扫码"一键呼叫;智慧停车场内,进门可知剩余车位,自动识别车牌,移动扫码支付停车费;智慧垃圾桶能通过网络设备被实时监测(图2.3-6)。还有互联网产业园、无人驾驶新能源车、VR康复治疗……

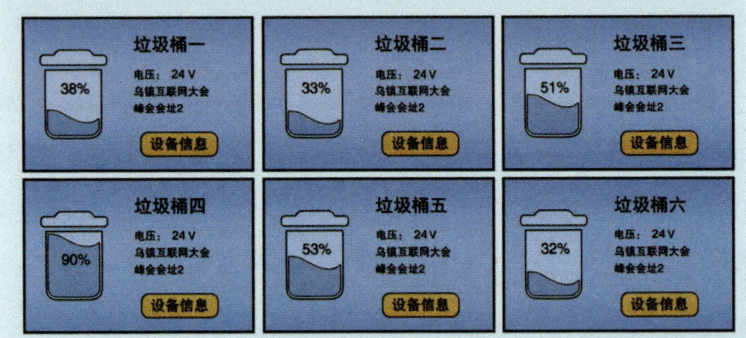

图 2.3-6　智慧垃圾桶

数字化乌镇体现的是一种现代生活形态,民宿、茶馆、饭店,现代化设施日趋成熟。乌镇依托旅游的发展优势,借力互联网,已接连引入乌镇互联网医院、众创空间等互联网项目近150个,在乌镇的每一个人都感受着信息技术给人们生活带来的影响。

(参考自"乌镇过上'数字化生活'",新华网,2017-12-05)

1. 数字出行需要基本的信息应用技能

数字出行方式已被越来越多的消费者所接受,在线约车、共享单车、电子地图等技术已广泛应用于人们的日常出行。无人驾驶、无纸客票等新生事物也正逐步得以实现,数字出行改变了人们以前"路边招手""纸质地图"

1　4G,fourth generation,第四代移动通信技术。国际电信联盟制定的用于宽带移动通信的技术规范。跟3G相比,它以更高的速率支持基于IP的话音、数据和流媒体传输。

2　GPS,global positioning system,全球定位系统。

等传统的出行和路线判断方式,这也就需要信息社会公民逐步提升自己的信息素养,逐步接受和适应数字出行,更好地生存在数字化社会中。

 案例

案例 2.3-9 电子客票推动绿色出行

中国铁路总公司于2018年第四季度试点运营铁路电子客票业务,实现乘客刷手机、刷身份证就能直接进站乘车。

电子客票业务是旅客通过互联网订购车票之后,到达高铁站,无须换取纸质车票,持二代身份证等有效身份证件通过进站口和验票闸机直接乘车,也就是说身份证、手机将会成为你的全国通行卡(图2.3-7)。电子客票的使用与推广,一方面可解决排队取票耽误时间的难题,另一方面也节约了大量的打印纸张,推动了社会的绿色出行。

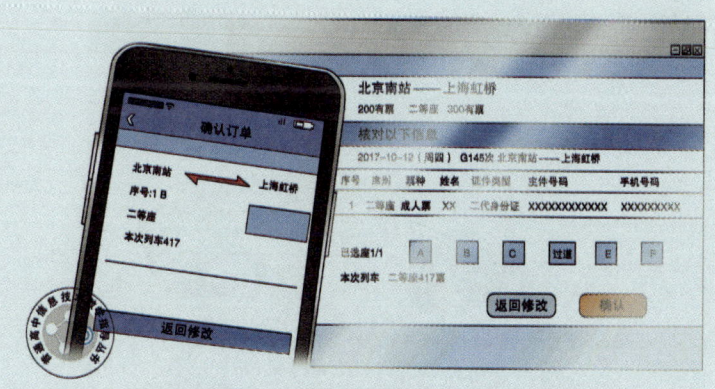

图 2.3-7 电子客票

(参考自"'电子客票'要来啦!坐高铁再也不用取票了",搜狐网,2018-07-22)

2. 远程交流需要相互尊重与理解

中国互联网络信息中心（China Internet Network Information Center，CNNIC）第四十三次《中国互联网络发展状况统计报告》显示，截至2018年12月，我国网民规模达8.29亿，互联网普及率为59.6%；中国手机网民的规模达到了8.17亿。互联网用户持续增加，拉近了人们的社会距离，缩小了交流时空，为人们创设了便利的交流环境。新的交流环境丰富了人们社交的手段，但"匿名"的网络交往也产生了潜在的危机。

> **案例**
>
> 案例 2.3-10　规范网络行为，遏制网络欺凌
>
> 随着网络社交的发展，青少年使用手机和互联网的频率逐年增加，电子邮件、个人主页留言、即时信息、数字照片等形式的网络欺凌时有发生。"网络欺凌"成为比较严重的社会问题，对青少年的身心成长造成了较大的影响（图2.3-8）。

图2.3-8　网络欺凌

> 所谓"网络欺凌",指利用互联网做出的针对个人或群体恶意、重复、敌意的伤害行为。有媒体报道,美国一名10岁女孩因和同学发生冲突,她的相关视频被对方上传至网络,这些网络视频令她饱受嘲笑,由于无法忍受长期的网络欺凌,她最终选择在家中自杀。近期,澳大利亚一名女孩也因遭受网上欺凌选择自杀,该事件震惊全国。
>
> 研究人员认为,网络欺凌对心理造成的伤害甚至比身体欺凌更严重。一个原因是:受害者往往不知道谁是施害者,或者自己为什么被攻击;此外,网上的骚扰事件可能被迅速扩散,只需敲击几下键盘或点击几下鼠标,许多人就能参与进来,造成大范围的影响。
>
> (参考自"美国10岁女孩遭校园霸凌 不堪嘲笑上吊自杀",网易新闻,2017-12-05)

社交网站为人们创造了一个新的交流空间,也可能会引发了一些网络不良行为。受网络"匿名"情况的影响,网上威吓、羞辱甚至折磨他人的行为,有可能会逃脱执法人员或社会机构的监管,给信息社会的发展带来不稳定的因素。作为信息社会中的一员,要不断提高个人的信息素养,合理地使用网络进行交流,保护个人隐私,尊重和理解他人,共同创造良好的网络社交环境。

3. 在线购物需要提高网络安全意识

电子商务产业的发展使得越来越多的实体零售商通过网上商店、移动支付、智能推送等方式展开线上线下结合的社区服务。基于互联网的文化、媒体、旅游等服务方式培育出形式多样的新型业态,使得老百姓足不出户就能享受便捷高效的服务。全新的数字化服务与消费模式为人们提供了消费的便利,但是作为一种线上"虚拟"的空间,其中新的商业模式也存在危机。提高社会公民信息素养,保护好个人网络消费权益,合理健康进行数字化消费,才能更好地推动信息社会的发展。

> **案例**

案例 2.3-11　用法律维护网络安全

网络购物为用户提供了时空的便利，但是也为不法分子提供了诈骗的时机。在网络活动过程中，每位用户都要具有信息安全和法律保护意识，避免造成不必要的损失（图2.3-9）。

有一在线用户在网络购物中下订单后，卖方称发不了货，要求提供相关信息退款，该用户没用意识到可能存在的危险，将个人银行卡账户信息、身份证件信息以及消费验证码告诉卖方，导致其银行卡账户资金被转走10万余元。

图2.3-9　维护网络安全

案发后，受害人在第一时间报案，警方在了解案情后，启动防电信诈骗应急机制，同时部署应对措施。在此过程中发现受害人的被骗钱款被转账到某基金公司账户，尚未转出取走，仍在转付过程中。警方在银行、基金公司的紧密配合下，通过不断跟进的技术措施，锁定犯罪嫌疑人，侦破了案件，为受害人挽回了经济损失。

（参考自"电子商务领域信用风险'双十一'预警报告"，搜狐网，2016-10-27）

线上线下融合的经营模式与消费方式引发了商家、用户、经营环境等因素关系的变化,产生了新的服务方式和商业秩序,新环境下也需要新的规章制度、法律法规来保障。生存于其中的每一位社会公民在具备信息技术应用能力的情况下,也要知法、守法,提高个人信息安全意识,掌握必要的个人保护方法,利用法律手段应对网络购物中的违法事件,维护好信息社会的新秩序。

第三章
加强信息素养教育刻不容缓

信息技术的快速发展加快了现实空间与虚拟空间的融合,形成了一个全新的信息社会生态环境。开放型信息系统渗透于社会各个领域,基于移动通信和大数据的新兴产业成为社会经济增长的一个热点,数据驱动、知识创新已成为国际竞争力的关键指标。也强调"加强应用基础研究,拓展实施国家重大科技项目,突出关键共性技术、前沿引领技术、现代工程技术、颠覆性技术创新,为建设科技强国、质量强国、航天强国、网络强国、交通强国、数字中国、智慧社会提供有力支撑"。技术创新人才的战略储备对信息技术教育提出了新挑战。顺应信息时代社会转型的发展潮流,针对技术创新人才发展需要,聚焦数字竞争力,提升公民信息素养是信息技术教育的重要使命。

第1节　国际信息技术教育发展趋势

2010年以来，信息技术教育内外部环境发生了深刻变革。为应对数字化环境的变化和挑战，世界很多国家（或地区）纷纷修订中小学信息技术课程标准，或推出一系列改革举措，期望通过信息技术教育变革来满足社会发展需求，提高学生适应信息社会生存与发展的能力。概述国际信息技术教育的发展，主要表现在关注数字胜任力，注重学科思维培养，强调创新教育以及突出"学以致用"的跨学科学习的特征。

一、以发展学生"数字胜任力"为根本目标

伴随新一代数字化工具成长起来的"数字土著"有着必然的社会优势，但是，他们在数字化环境中也暴露出自我约束力弱、沉溺于网络游戏、不负责任地发布网络信息等问题。可见，"数字土著"并不能简单等同于"数字公民"，为了让他们更好地生存于信息社会，同样需要对他们加强数字素养教育。

2011年，欧盟委员会联合研究中心（Joint Research Center，JRC）将"数字胜任力"作为公民八大核心素养之一，实施了"数字素养项目"，建立起欧盟数字素养框架/指标，把国民的数字素养视为全球竞争力的重要因素。2014年，英国教育部针对学校"信息与通信技术"教育中的问题，对课程标准进行了修订，将课程名称改为"计算课程"，重新界定课程目标，提出通过该课程"确保学生具备数字胜任力，让学生应用并通过ICT表达自己的想法，使他们能达到一定的水平以适应未来工作，并成为数字社会的积极参与者"。

> **案例**

案例 3.1-1　培养具有数字胜任力的社会公民

2015年，在国际教育技术协会支持下出版的《学校中的数字公民教育》一书提出了学生应该知道的数字公民意识九大要素，这些要素构成了数字公民教育的主要内容，包括数字访问、数字商务、数字通信、数字素养、数字礼仪、数字法律、数字权责、数字健康和数字安保，进一步丰富了数字公民教育的内涵（图3.1-1）。

图 3.1-1　数字公民教育九大要素

为了让九大要素互相之间紧密关联，共同构成完整意义上的数字公民教育，研究者从不同的角度对九大要素进行了分类：一是基于"尊重、教育、保护"理念的数字公民教育，按照尊重（respect）、教育（educate）和保护（protect）三个维度（简称REP）来对九大要素进行归纳重整（图3.1-2）；二是三层次的数字公民教育，以"改进学生学习效果，培养21世纪公民"为核心目标，将这九大要素分为影响学生学习和学业表现、学校环境及学生行为、校外环境中的学生生活三个层次。

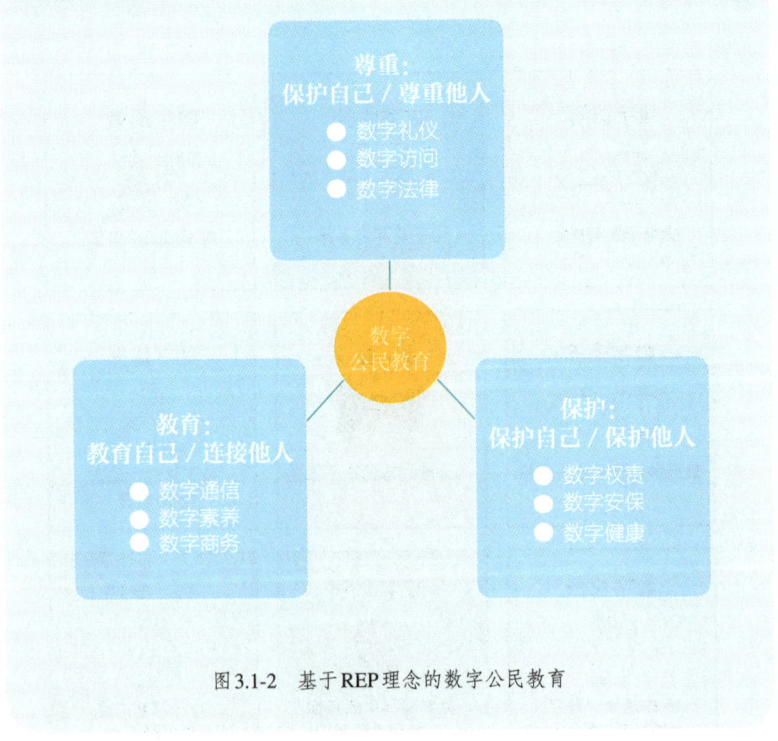

图3.1-2 基于REP理念的数字公民教育

显然，在高度发达的信息社会中，数字胜任力已成为社会公民的一项基本生存能力。面向信息素养的信息技术教育，更注重引导学生在数字化环境中理解人、信息技术与社会的关系，合理使用信息技术解决问题，担负起相应的社会责任，实现从"数字土著"向"数字公民"的发展。

二、突出培育学生的信息技术学科思维

信息技术的广泛应用使得基于"程序驱动"的技术工具渗透到社会领域的各个方面，内含于技术工具中的"计算方法"潜移默化地嵌入到人们解决问题的过程之中，并逐步改变着人们的行为方式和思维特征。当信息技术工具几乎成为人们生活的一部分时，为能安全、合理地使用信息技术，人们就需要理解其特有的运行方法，知道它们推动世界变革的原因，形成信息社会所特有的人机互动思维方式。

2012年，美国计算机教师协会（Computer Science Teachers Association, CSTA）就明确指出信息技术教育已不只是对"技术工具功能的掌握"，更应是促进学生在计算思维、合作与交流、计算实践与编程、计算机和交流设施的应用、伦理道德等方面的综合发展。2014年，英国学校计算机工作组（Computer at School, CAS）推出了主要由核心概念构成的计算思维框架，研究成果中计算思维概念包括逻辑推理、抽象、评价、算法思维、分解、泛化（模式）。2015年，他们在前期研究基础上增添了计算思维方法，方法包括反思、编码、设计、分析、应用。随后，又结合学校计算机课程与教学的特点，提出了包含6个概念和5个方法的计算思维框架（图3.1-3）。这个计算思维框架结构清晰，使用简洁的术语和说明，操作性强。

2015年，澳大利亚数字技术课程标准强调"在数字社会中人们需要具有利用逻辑、算法、递归和抽象等计算方法去认识事物的能力，计算思维教育就是要让学生利用具有程序性的工具和过程方法创造、交流和分享信息，更合理地管理项目"。

图 3.1-3　计算思维的概念与方法框架

案例

案例 3.1-2　国际教育机构关于计算思维教育的研究

自从 2007 年卡耐基·梅隆大学周以真教授提出计算思维的概念以来,世界很多教育机构开始积极深入地研究基础教育领域内计算思维的定义、构成要素、培养途径、培养路线图、评价量表等,使计算思维的概念日益明晰,也更具操作性。

谷歌公司在其面向教师的"探索计算思维(exploring computational thinking)"在线课程中,提出了包括 11 个计算思维概念的计算思维框架,把计算机科学家解决问题的主要思维过程与方法完整地进行了梳理和归纳。这些计算思维的概念和定义如下。

● 抽象:识别和提取相关信息以定义主要想法。

- 算法设计：创建用于解决类似问题或执行任务的有序指令序列。
- 自动化：让计算机或机器自动完成任务。
- 数据分析：通过数据分析的方式洞察事物发展。
- 数据收集：收集信息。
- 数据表示：用适当的图形、图表、文字、图像来描述和组织数据。
- 分解：将数据流程或问题分解为更小、可管理的部分。
- 并行处理：为了更有效地达到共同目标，同时处理来自于较大任务中的小任务。
- 模式泛化：创建模型、规则、原理或观察模式的理论，以测试预测结果。
- 模式识别：观察数据中的模式、趋势和规律。
- 模拟：开发一个模型来模仿真实世界的过程。

麻省理工学院（Massachusetts Institute of Technology, MIT）终身幼儿园小组在成功推广Scratch图形化编程工具的同时，也致力于研究和开发基于交互媒体设计者的计算思维框架，它包括三个关键维度，即计算概念、计算实践和计算观念（图3.1-4）。MIT Scratch计算思维框架将编程学习作为核心，融合了计算概念、计算实践和计算观念三个维度，操作性强。

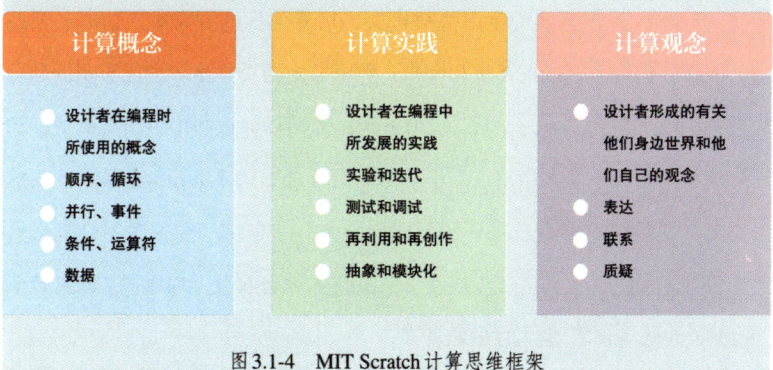

图3.1-4 MIT Scratch 计算思维框架

可见，为使社会成员有效使用信息技术，而不是被技术工具所"控制"，信息技术教育就需要帮助学生理解"程序驱动"下数字化环境的本质特征，**引导学生"像信息技术专家"那样去思考该环境中各要素的相互关系和运行模式，根据需要积极主动选用技术工具去解决日常生活与学习中的问题。**

三、强调信息技术的创新教育

互联网的发展使得整个世界成为一个大的信息系统，它在改变社会时空结构的同时，也使世界变得更加扁平化，销蚀着社会组织的"物理界限"，重构出社会发展的新秩序。近年来，为了占领数字化竞争的"制高点"，教育发达国家纷纷对学校信息技术课程进行改革，对新一代人才提出了更高的数字化学习与创新的要求。

2013年，欧盟"数字素养框架"将"内容创造（content-creation）"作为一项重要发展域，指出"数字公民要能够利用信息技术重新整合先前的知识和内容，产生信息的创意式表达以及媒体输出和编程，合理应用知识产权"。澳大利亚2015年修订的《数字技术课程标准》中，指出"数字技术为学生提供了使用设计思维的实际机会，本学科帮助学生成为数字解决方案的创新创造者、数字系统的有效使用者和借由数字系统传达的信息的关键消费者；数字技术给学生提供真实的学习挑战机会，培养他们的好奇心、信心、坚持力、创新、创造力，促进尊重和合作；数字技术帮助学生成为能够积极和合法进行沟通和协作的全球公民"。2016年，美国计算教师协会发布的《K-12计算机科学教育框架》指出"中小学计算机教育不只要培养信息技术工具的消费者，更应该培养在技术环境下的创新者"。同年，"全民学习计算机科学（CS for All[1]）"运动进一步推动了信息技术创新教育，**加强了"双深技能（double-deep skill）"型人才的培养**[18]。

---

1 CS for All, Computer Sciences for All, 全民学习计算机科学。

> **案例**
>
> ### 案例 3.1-3　CS for All 运动
>
> 2016年1月30日,美国的国情咨文提出《面向所有人的计算机科学教育》新计划,倡导 CS for All 运动。决定在之后三年为各州提供共40亿美元的预算,推动课堂内计算机教育的普及;为学校直接提供1亿美元资金,用于拓展K-12的计算机科学教育。这些费用将用于培训教师、提供优质教材以及开展有效的地区性合作。
>
> 为推动CS for All运动,美国国家科学基金会和国家与社区服务机构从2016年开始提供1.35亿美元的计算机科学基础教育专项资金。美国计算机协会、美国计算机科学教师协会等相关行业机构也开始发挥自己的影响力。教育机构通过诸多培训项目,帮助超过1.6万名教师通过计算机教师认证,他们还在努力促成美国大学将计算机培训当作学位要求之一。一些州还通过立法的形式推动中小学计算机教育:阿肯色州州长签署法案,要求该州所有高中都必须提供计算机科学教程;罗得岛则规定到2017年夏天,每所公立学校都必须提供计算机科学教育。

显然,当世界成为一个大的信息系统时,是培养新一代国民具备**合理占用信息系统中"CPU"(核心位置)的能力,进而主动理解、掌控与推进整个世界发展**,还是只能通过"键盘"(输出位置)获得一点他人发布的信息,**被动感知、消费和享受他人的创新成果**,这是两种完全不同的教育未来。加强学校信息技术教育,帮助学生理解和适应当今社会经济转型和未来生存发展的需要,已成为学校教育的新挑战。

四、注重信息技术在STEM课程中的实施

当今世界全球化趋势深入发展,科技飞速进步,知识和技能逐渐成为各国参与国际竞争、促进经济发展的核心因素,各国均把人才竞争提升到国家战略的高度,其中又以科学、技术、工程、数学(Science, Technology, Engineering, Mathematics, STEM)人才的竞争最为关键。从课程实施来看,为提高学生应用跨学科知识解决真实情境中问题的能力,发展学生的信息素养,将科学、工程和数学等学科的教育引入信息技术教育中,开展STEM课程,已成为中小学信息技术教育的一种重要形式。

STEM课程是以项目活动方式,引导学生运用跨学科知识,合作、设计、建构、发现、解决问题的体验式课程[19]。STEM全球教育联合会在STEM理论框架研究中也提出"STEM课程作为一种基于项目的学习,其项目设计要体现跨学科学习,把不同学科的学习内容整合在项目任务中"。指向信息技术教育的STEM课程的项目设计应突出两个关键特征:一是跨学科,即项目学习的重点放在特定问题解决上,跨越学科界限,利用科学、技术、工程和数学等学科相互关联的知识解决问题;二是整合性,按照各学科最基本的知识结构,找到不同学科知识之间的连接点和整合点,将分散的学科知识通过逻辑结构化整合到学习情境中,引导学生发现问题和解决问题。

 案例

案例3.1-4 国际STEM教育的兴起

STEM领域人才短缺是诸多国家重视STEM教育的主要原因。21世纪以来,教育发达国家在国家战略层面进行顶层设计并出台相应政策措施,加大公共和私人领域投资力度,为STEM教育发展提供了坚实保障(图3.1-5)。

图3.1-5　STEM 教育

由于 STEM 劳动力缺口增大，2007年美国国会通过了《国家竞争力法》，其中重点提出要加强STEM教育的投入、研发和新教师的培训，批准2008—2010年为联邦层次的STEM研究和教育计划投资433亿美元，并要求把国家科学基金增加到220亿美元。

德国制造业以其卓越的工业水准和创新能力闻名世界。但根据科隆德国经济研究所的调查，2015—2020年，预计德国MINT（德语缩写，近似于STEM）专业普通技能人才缺口将累计达到131.6万人。为助力工业4.0，德国迫切需要吸引更多青少年投身MINT专业的学习。2008年，德国的《德累斯顿决议》提出了国家教育未来发展的十大目标措施，其中第四条就是加强数学、信息、自然科学和技术的STEM相关专业的学习。

> 2004年，英国政府颁布了《科学与创新投资框架》，标志着STEM概念进入国家政府文件。2012年，英国教育部组织的学校计算工作小组在"计算"课程研究中指出：计算机科学是一门典型的STEM融合课程，这门课程为学生提供了洞察综合学科学习的途径，以及可以用于其他学科问题解决的技能和知识。
>
> （参考自《中国STEM教育白皮书》，中国教育科学研究院，2017-06-20）

显然，信息技术教育作为中小学的一项重要教育内容，并不是要求每个人都能应用"程序设计语言"，而是要培养他们理解信息技术学科领域的思想方法，并将这种方法合理应用于新的领域中。因此，信息技术教育不应只是简单的知识传授与技能操练，也不应局限于传统的代码编写式学习，基于STEM课程的信息技术教育课程希冀通过项目学习方式，实现信息技术与多学科知识的融合，将信息技术创新教育理念落实于学习活动和动手实践中，进而改变信息技术教师教学方式、学生学习方式，为学生提供体验信息技术、应用信息技术、实现信息技术与其他领域相结合的学习机会，发展学生在数字化环境中的适应力和创新力，提高学生利用信息技术解决问题的能力。

第2节　我国信息素养教育中的问题

> 经过30多年的努力，我国中小学信息技术教育已经进入学校，成为学校课程的一部分，增进了中小学生对信息以及信息技术的了解，激发了学生对计算机及相关学科的兴趣与爱好。但是，目前我国中小学信息技术教育也还存在着学校课程内容滞后、教学不规范，甚至任课老师不足时由其他学科教师代课和兼职讲课等问题。如何提高信息技术课程与教学的质量，怎样解决"学用"脱节的矛盾，如何实现基础信息技术教育与高校人才选拔的对接，这些仍是我国信息技术教育面临的挑战。

一、信息素养教育等同于专业教育的问题

信息素养教育是一种普适性教育，是每位信息社会成员都需要具备的素养。具备这种素养的社会成员可以有效地甄别与分析信息，理性地应用技术解决问题，负责任地开展信息活动。从社会需求来看，素养教育并不应该等同于专业教育，信息素养教育并不是要让学生掌握多么高深的信息技术知识，解决多么复杂的信息技术难题，而是帮助学生理解信息社会，在信息化环境下做出信息处理的正确判断。然而，在当前信息技术教育的教材设计和教学资源开发等方面，都还存在着将信息素养教育简单等同于专业教育的问题，甚至还出现了大学计算机内容简单下放到中小学的问题。这些都影响着信息技术课程在中小学的健康开展。

案例

案例 3.2-1　信息素养教育是社会生存基本能力的教育

据《中国互联网络发展状况统计报告》显示，截至2018年6月30日，我国网民规模达8.02亿，普及率为57.7%。其中，手机网民规模已达7.88亿，网民通过手机接入互联网的比例高达98.3%。随着我国数字化进程的推进和数字经济的发展，互联网所能承载的服务越来越多，互联网应用场景不断拓展，交通、环保、金融、医疗、家电等行业与互联网融合程度加深，社会生产率得到大幅度提升。

信息技术对中国的就业格局产生了全面而深刻的影响，它不仅以全新的形式创造了就业机会，推动了就业结构的变化，带来多元化的就业方式。与此同时，互联网为年轻人提供了低成本、低门槛的创业机会，通过激活大规模创业，释放了草根的创新能力。这也就需要每一位社会成员具备在信息社会中生存的基本能力，信息技术教育是培养这种基本能力的教育，而不应是学科专业的教育。

但是，网络应用中的安全问题严重影响着网络用户的应用体验。调研数据显示，截至2018年7月，54%的网民在过去的半年中曾遇到过网络安全问题，28.5%的网民遭遇过个人信息泄露问题，58.6%的网民受到过虚拟中奖信息的干扰，31.0%的网民遭遇过虚假招工信息诈骗，此外，冒充好友诈骗、网络兼职诈骗、网络购物诈骗、钓鱼网站诈骗等问题也依然严重（图3.2-1）。

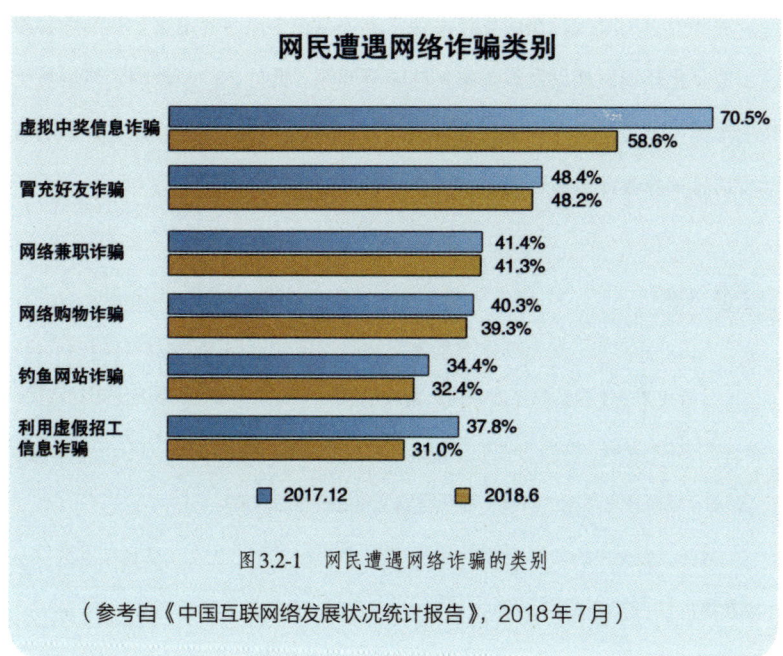

图 3.2-1　网民遭遇网络诈骗的类别

（参考自《中国互联网络发展状况统计报告》，2018年7月）

信息素养的培养已不只是针对信息技术从业人员，提高公民信息素养成为网络健康发展的长治久安之道，成为维护网络安全的治本之道，与加强网络治理相辅相成。提升每位社会成员的信息素养，尽管不能保证再也没有非法的信息盗用，不能保证再也没有网络诈骗，但是，每一位成员在信息素养提升的过程中，加强保护个人信息的意识，显然可以极大降低信息泄露的风险，保护个人财产安全；显然能够提高信息技术使用效率，逐渐具备信息社会责任感，自觉维护国家安全与社会和谐。

二、学校信息技术课程内容滞后的问题

数字化环境的发展使得中小学生有更多机会接触和使用信息技术，学生的信息技术应用能力在日常应用中得到了广泛提高。但是，受教学环境和教

育资源等因素的限制，在信息技术课堂上还存在学段内容重复、教学内容滞后于数字化环境发展以及教学案例陈旧等问题。此外，一些教师依然偏重于技能操作与训练，忽视现实问题解决能力和信息情感的培养，这些都影响着学校信息素养教育的发展。

> **案例**
>
> **案例 3.2-2　信息技术课程内容滞后于信息技术发展**
>
> 　　分析我国中小学信息技术教材，会发现其学习内容选择与教学方法设计滞后于信息技术的发展，陈旧的课程内容也不符合学生已有的发展经验，这在一定程度上阻碍了信息技术课程的开展，甚至影响了学生的学习兴趣。
>
> 　　其一，教材中的教学内容滞后。例如，我国一些地区的初中信息技术教材，其选择的操作系统软件的界面还是十年前学生学习的界面（图3.2-2(a)）。事实上，当前主流的操作系统界面已和课本中的不一样了，信息技术发展如此迅速，学生已经适应了新的技术工具，然而教材中的教学内容却没有更新，这不仅不能帮助学生学习新技术、新工具，甚至还会降低学生对信息技术的学习兴趣。
>
> 　　其二，教材中的教学方法滞后。某些信息技术教材，在教学方法上仍沿用一步一步操作讲解的教学方法（图3.2-2(b)），忽视了信息技术学科本质特征，将信息技术学习简单等同于软件的操作练习，即使学生掌握了相应的操作技能，也很难实现对信息技术知识与技能的迁移，随着技术工具和应用情境的变化，学生也很难适应新技术的发展。

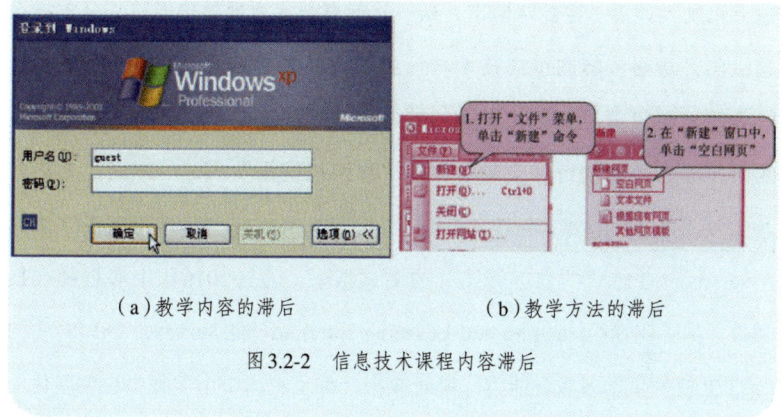

（a）教学内容的滞后　　　　　　（b）教学方法的滞后

图 3.2-2　信息技术课程内容滞后

可以看出，如果只是将信息技术教育简单等同于信息技能学习，认为信息技术教育就是让学生掌握一些操作技能，完成一些简单的信息作品，缺少对学科方法和原理性知识的学习，那么学生对技术工具内在特征认识的不足，也就容易导致"沉迷手机""网络上瘾"等问题，甚至沦为技术工具控制下的"奴隶"。

学生对信息技术学习多样性的需求与滞后的课程内容的矛盾，限制着学校信息技术课程教育功能的实现。如果在基础教育阶段一味强调信息技术工具的操作练习，忽视信息生态环境的复杂性和多样性，那么势必会在基础教育阶段陷入"培养技术员式的陷阱"。目前，无论从基础学力教育理论，还是从国际信息技术教育发展趋势来看，青少年信息技术教育都已超越了传统的知识记忆与技能训练，应用信息技术解决现实问题，理解人、信息技术与社会的关系将日益受到重视。

三、社会需求与学用脱节的问题

从社会行业发展环境来看，移动通信、大数据、云计算等信息技术在社会各领域已经得到广泛应用，结合程度也更加紧密，形成了一个全新的数字化发展环境。**在此环境下，新一代信息技术发展的热点已从分支技术的纵向升级逐步转向横向技术与行业领域的深度融合。其中，所需要的行业职员不仅需要具备扎实的领域专业技能，还需要具有良好的信息技能，并能将两者进行深度融合，即"双深技能型"人才。**然而，无论是2012年上海学生参加国际学生评估项目（Program for International Student Assessment, PISA）"数字阅读"的测试结果，还是2016年上海教师在教师教学国际调查(Teaching and Learning International Survey，TALIS)中的"ICT促使学生学习教学能力"调研数据，都反映出中小学师生在数字化工具应用方面的"短板"。

 案例

案例 3.2-3 我们学生的信息素养够了吗

2012年，共32个国家（或地区）参加了PISA数字阅读素养测评。上海学生数字阅读平均分为531分，在32个国家（或地区）中显著低于新加坡（567分）、韩国（555分）、中国香港（550分）、日本（545分）。上海学生数字阅读成绩比纸本阅读测试低38分，是两种测试方式成绩差异最大的国家（或地区）。

从以上数据可以看出，尽管现在的学生是信息技术的"数字土著"，技术操作也越来越便利，但是在高效获取信息、评价信息、整合信息以及用可视化的方式交流分享等方面还存在短板。因此不能以为孩子们在娱乐和技术环境中就能自然具备信息素养，而必须要通过严格的课程来教他们学习如何将技术用于学习和解决问题。同样，仅仅教学生如何操作和使用计算机，也不足以培养其信息素养，还要增加信息检索、信息评价、信息管理和信息创建方面的评价内容。

（摘自《基于PISA数据的上海学生信息素养研究》，陆璟）

尽管学生在学校有组织地学习信息技术知识与技能，但是由于缺少在真实情境解决具体问题的实践经验，因此一定程度上也限制了学生信息技术综合应用能力的发展。通过信息技术教育，学生要学会用抽象和分解的方法来处理复杂任务，以及对复杂问题进行逐层深入的推理，从而提高解决问题和分析推理的能力，这样学生才能更好地适应当前的信息社会，通过合理的信息技术创新活动推动信息社会发展。

四、信息技术学业评价与高校人才选拔脱节的问题

我国互联网应用普及率增长迅速，对社会各个领域的影响越来越深入，但在技术应用过程中也暴露出当前使用者的**网络安全水平落后于信息化发展，在技术研发、产业发展等方面滞后于信息化发展，核心人才短缺等问题**。高端信息技术人才战略储备的不足在一定程度上影响着我国数字化竞争力的提升。从选拔专业人才的角度来看，这种评价结果很难为高等院校选拔优秀学生提供充足的证据。

 案例

案例3.2-4　学业评价与学生发展的脱节

近年来，我国普通高校招生制度一直在持续改革中，其中一个最大的变化，就是改变原来的文理分科招生考试方式，确立了"3+3"选考模式。在此模式下，每位考生必考语文、数学、外语三门课程，另外三门课程可根据学生个人发展由自己选择考试科目。就目前已发布实施的省级改革考试方案来看，大多数省采用"6选3"的选考方式，即从物理、化学、生物、政治、地理、历史6门课程中选择3门作为等级考试科目，极少有某个省从物理、化学、生物、政治、地理、历史、技术7门课程中选择3门作为等级考试科目的情况，其中的"技术"包括了"信息技

术"和"通用技术"。从选拔学科来看，目前大多数省还未将信息技术作为高校选拔的学科，这在一定程度上造成了学校信息技术学习与高校选拔优秀人才的脱节。

此外，从考试形式上来看，即使有省份将信息技术纳入学业等级考试中，其考试形式也主要采用纸笔考试形式，其内容以选择题与分析判断题为主。事实上，以实践应用为特征的信息技术内容，通过纸质的选择、判断题的方式考试，不仅不能有效评价学生应用信息技术解决问题的能力，还有可能在考试指导下改变本门课程的教育目的，甚至还会将信息技术知识技能的学习与实际应用解决问题割裂开来。

评价作为课程实施中的一项重要环节，对学校课程落实与教师教学起着重要的指导作用，如果没有有效评价，就很难判断课程实施的效果。而缺少了学校信息技术教育与高校人才选择的"渠道"，一定程度上也就限制了信息技术课程在中小学的开展，影响了信息技术高端人才的培养，进而影响了城市数字化竞争力的战略发展。加强学生信息技术学业评价设计与落实，打通学校信息技术教育与高校人才选拔的"渠道"，才能及时地发掘信息技术人才，为未来社会发展培养信息技术人才。

进一步深化中小学信息技术课程改革，既是信息社会发展的迫切需要，也是信息社会成员全面发展、终身学习的需求，一定程度上还影响到国家高科技人才的培养与战略储备。尽管我国中小学信息技术教育在短短的30年内取得了很大的成绩，但是从调研数据来看，我国中小学信息技术课程在学校教学质量、教材内容设计、学生学业评价等方面还面临着严峻的挑战。

第3节 信息素养教育新目标与新任务

> 针对我国中小学信息技术课程实施中的问题,我国教育部启动了高中信息技术课程标准的修订工作,发布了《普通高中信息技术课程标准(2017年版)》(以下简称《课程标准》)。新修订的《课程标准》确定高中信息技术课程是一门旨在全面提升学生信息素养的课程,按照培养具有信息素养公民的目标提出了学科核心素养,建立了学科大概念,设计了必修、选择性必修和选修的课程结构与模块,为全体学生的基础学习和个别学生的选择性学习提供了相应的课程标准。

一、我国高中信息技术课程标准修订的基本思路

在与国际信息技术教育进行比较和对本土信息技术课程实施调研的基础上,高中信息技术课程标准修订按照"界定学科核心素养—梳理学科大概念—设计课程结构—确定学业质量标准—内容测试与完善"的思路展开工作。

1. 调研国内信息技术教育现状,借鉴国际发展的前沿成果

高中信息技术课程标准修订前,对我国24个地区的84所学校(抽样学校71所,参与学校13所)的信息技术课程实施情况进行了调研,完成了《普通高中信息技术课程标准(实验)实施现状调研报告》,梳理出课程实施中"**高中与初中内容重复率高,缺少合理衔接**""**必修模块的内容范围广、要求浅、课时过少**"等问题。比较其他国家最新的信息技术教育标准,借鉴国际信息技术教育的前沿成果,概述出当前国际信息技术教育关注的"计算思维教育""数字化学习与创新""信息安全与道德"等焦点内容。[20]

2. 界定信息技术学科核心素养，厘清信息技术教育的实质内涵

参照我国学生发展核心素养体系，在对国内高中信息技术课程实施现状调研和国际信息技术教育比较研究的基础上，从"人与技术""人、技术及问题解决""人、技术与社会"等层面分析信息社会公民必备的信息素养，界定信息技术学科的核心素养。按照高中生的认知特征，建立了信息技术学科核心素养指标体系。

3. 明确信息技术学科大概念，形成比较稳定的学科概念体系

追溯高中信息技术课程的上位学科，梳理信息技术课程体系的核心概念，按照信息技术课程特征和知识技能的逻辑体系，明确高中信息技术课程的大概念：**数据、算法、信息系统和信息社会**。分析信息技术课程大概念之间的相互关系，确定核心内涵，建立高中信息技术学科基本知识技能序和能力发展序，形成一个比较稳定的信息技术课程概念体系。

4. 把握学科基础性与发展性特征，确定高中信息技术的课程结构

结合信息技术学科核心素养和学科大概念，按照《普通高中课程方案（2017年版）》，**建立高中信息技术必修、选修性必修和选修三类课程**。信息技术必修课程是全体学生修习的课程，是普通高中学生发展的共同基础；选修性必修课程是根据学生升学需要、个性化发展需要设计的，分为升学考试类课程和个性化发展类课程；选修课程体现了信息技术学科的前沿性、应用性，学生可根据个人发展需要进行选学。

二、课程标准修订的基本理念

1. 坚持立德树人的课程价值观，培养具备信息素养的公民

课程标准面对数字化工具不断普及的现实，培养学生对信息技术发展的敏感度和适应性，帮助学生学会有效利用信息社会中的海量信息、丰富媒体和多样化技术工具，优化自己的学习和生活，提高服务社会的能力。课程标准引导学生理解信息技术应用过程中的个人与社会关系，思考信息技术给人类社会带来的机遇和挑战，履行个人在信息社会中的责任和义务，帮助他们成长为有效的技术使用者、创新的技术设计者和理性的技术反思者。[21]

2. 设置满足学生多元需求的课程结构，促进学生个性化发展

课程结构遵循高中学生的认知特征和个性化学习需要，反映信息技术课程的层次性、多样性和选择性。课程的必修部分致力于构建我国高中阶段全体学生信息素养的共同基础，关注系统性、实践性和迁移性；选修部分致力于拓展学生学习兴趣，提升探究内容的广度、深度和问题情境的复杂度，为学科兴趣浓厚、学科专长明显的学生提供挑战性的学习机会。

3. 选择体现时代性和基础性的课程内容，支撑学生信息素养的发展

课程内容紧扣数据、算法、信息系统和信息社会等学科大概念，结合信息技术变革的前沿知识与国际信息技术教育的发展趋势，引导学生学习信息技术的基本知识与技术，感悟信息技术学科方法与学科思想；结合学生已有的学习经验和将要经历的社会生活，在课程中嵌入与信息技术有关的现实社会问题和相关情境；结合数据加工、问题解决和信息系统操作的真实过程，发展学生的计算思维，增强他们的信息社会责任。实现信息技术知识与技能、过程与方法、情感态度与价值观的统一。[21]

4. 培育以学习为中心的教与学关系，在问题解决过程中提升信息素养

课程实施基于不同背景和不同知识基础的学生，倡导多元化教学策略；激发学生开放、互惠、合作、协商和注重证据的行动意识，使其积极参与到信息技术支持的交互性、真实性学习活动中；鼓励学生在不同的问题情境中，运用计算思维来形成问题解决的数字化方案，体验信息技术行业实践者真实的工作模式和思考方式。创造机会使学生感受信息技术所引发的价值冲突，思考个体的信息行为对自然环境与人文环境带来的影响。

5. 构建基于学科核心素养的评价体系，推动数字化时代的学习创新

课程评价以学科核心素养的分级体系为依据，利用多元方式跟踪学生的学习过程，收集学习数据，及时反馈学生的学习状况，改进学习，优化教学，评估学业成就。注重情境中的评价和整体性的评价，评价方式的设计和评价工具的开发应支持学生自主和协作地进行数字化问题解决，促进基于项目的学习；完善标准化纸笔考试和上机考试相结合的学业成就评价，针对专业能力较强的学生，可引导完成案例分析报告或研究性论文。

三、课程标准修订的基本特征

近年来，信息技术教育实施环境发生了很大的变化，人们对信息技术课程的价值认识逐步深入。本次信息技术课程标准修订在继承前期课程标准合理"内核"的同时，也体现出以学科核心素养统领课程，采用学业质量标准确保教、学、评一致性，通过项目学习加强学生实践创新能力等方面的特征。[21]

1. 以学科核心素养统领信息技术课程标准

确定信息技术学科核心素养、建立学科核心素养分级体系是本次课程标准修订的一个重要特征。在信息技术课程标准修订过程中，将学科核心素养渗透到课程标准的各个组成部分，用学科核心素养统领课程标准的建设。

例如，每个课程模块的内容标准设计、学业要求、学业质量标准都对应了具体的学科核心素养。

此外，学科核心素养等级的描述采用了**"活动情境复杂连续体""知识技能连续体""能力发展连续体"**逐级深入的方式，体现学生学习发展的递进性。

例如，在信息意识等级划分中，水平1中有"针对特定的信息问题，自觉、主动比较不同的信息源,确定合适的信息获取策略";水平2中对应的有"针对较为复杂的信息问题,能综合分析获取的信息,评估信息的可靠性、真伪性和目的性"。两则内容从学生发展的情境和能力方面逐步深入。

2. 通过学业质量标准,确保教、学、评一体化

依据学科核心素养建立信息技术学业质量标准,以此规范**学业水平合格性测试与等级性测试**。信息技术学业质量标准设计了一级、二级、三级和四级水平,按照学科核心素养,对每级的学习结果进行了详细的描述,等级梯度按学习内容、认知程度逐级加深。

例如,计算思维在一级学业质量标准描述为"采用流程图的方式描述算法,掌握一种程序设计语言的基本知识,能编写简单程序解决问题……";二级学业质量标准描述为"运用算法描述方法和三种控制结构合理表示算法,利用一种程序设计语言实现简单算法,解决问题……"。相对于计算思维一级水平,二级水平的要求在认知程度和知识内容方面都有所加深。

信息技术学业质量标准直接用于指导学生学业评价,实现了教、学、评一体化建设,以此避免"课程标准"与"教学实施"两张皮的问题。

3. 采用多元课程模块,提高课程内容的层次性、多样性和选择性

高中信息技术课程结构与内容体系的确定紧扣**"数据、算法、信息系统和信息社会"**四个核心大概念,从学生学习的共同基础、升学需要、个人兴趣发展等方面设计了必修、选择性必修和选修三类课程。课程内容在保证每位学生信息素养发展的同时,使得课程模块逻辑关系具有一定的层次性。

在选择性必修和选修中,针对学生升学需要或个人兴趣分别设计了与之相对应的课程模块,加强信息技术课程修习的多样性和选择性。

例如,选择性必修中,有升学需要的学生可选修"数据与数据结构""网络基础""数据管理与分析"三个模块;那些不将信息技术作为升学科目，但对其中一些信息技能感兴趣的学生可以修学"人工智能初步""三维设计与创意""开源硬件项目设计"模块，同时可获得学分，以达到高中毕业时的总学分要求。

4. 渗透项目学习设计，凸显信息技术课程的实践性特征

信息技术本身就具有实践性强、应用性广的特征，如何加强信息技术课程的实践性，怎样通过信息技术课程提高学生动手实践能力，是本次课程标准修订考虑的一个重要问题。为了突出课程的实践性，首先在内容标准陈述上强调了学习的实践条件和实践内容。

例如，必修模块2中有"通过组建小型无线网络，了解常见网络设备的功能，知道接入方式、带宽等因素对信息系统的影响""通过搭建小型信息系统的综合活动，体验信息系统的工作过程，认识信息系统在社会应用中的优势及局限性"等要求。其中的"组建小型无线网络""搭建小型信息系统的综合活动"都体现出课程实践性与应用性特征。

其次，在《课程标准》的"教学提示"和"教学建议"中，也都强调要通过项目教学法开展教学，突出学生的实践活动，避免信息知识的机械接受。

例如，《课程标准》在"教学建议"中明确提出："教师在教学中要紧紧围绕学科核心素养，把项目整合于课程教学中，重构教学组织方式，创设有利于学生开展项目学习的数字化环境、资源和条件，引导学生在数字化学习的过程中，领悟数字化环境对个人发展的影响，养成终身学习的习惯"。

四、课程标准修订后的再思考

1. 实现"义教"与"高中"信息技术课程的有效衔接

高中信息技术课程标准将信息意识、计算思维、数字化学习与创新、信息社会责任作为学科核心素养；确立了学科大概念，即数据、算法、信息系统和信息社会；根据高中生认知特征和社会发展需要，结合学科核心素养和大概念，建立了比较稳定的课程结构。

但是，大家也应注意到，当前我国义务教育阶段还没有统一的信息技术课程标准，这也就会出现不同地域、不同学校的学生信息技术基础存在较大差异。为有效实现"义教"和"高中"信息技术课程的衔接，依据学科核心素养和学科大概念研究，实施"义教阶段信息技术课程标准"是当务之急。[21]

2. 加强信息技术学科教师的培训

高中信息技术课程标准修订继承了前期课程标准的实施成果，同时也融入了当代社会进步、科技发展和学科发展的前沿内容，紧密联系学生生活与经验，按照时代发展的需要对信息技术课程进行了调整和更新。例如，针对创新人才的社会需要，课程内容设计了"开源硬件项目设计""人工智能初步"等学科综合性模块，新技能、新模块的融入对当前信息技术教师的教学能力提出了挑战。针对信息技术教师的发展需要，在高等师范院校建立"信息技术教师教育基地"，开展信息技术教师培训，是有效落实信息技术课程标准的一项重要举措。

3. 进一步完善信息技术创新教学环境

高中信息技术课程标准强调了学生的动手实践能力和创新应用能力。例如，《课程标准》中选择性必修课程模块2有"体验物联网、'互联网+'以及其他相关网络在日常生活、学习中的应用（如bluetooth[1]、NFC[2]等），探讨创新网络服务对人们未来生活、工作与学习的影响"等要求。从具体实施来看，这些内容标准的实现需要在相关的实验环境中进行。《课程标准》中的实施建议也指出了"设立能满足各模块教学需要的信息技术教室及信息技术

---

1 bluetooth：蓝牙。

2 NFC：near field communication，近场通信。

实验室"。因此，根据信息技术课程实施的需要，完善信息技术教学环境，建立配套的信息技术实验室，同样是信息技术课程实施中急需解决的问题。

新修订的高中信息技术课程标准立足于"没有信息化就没有现代化"和"没有网络安全就没有国家安全"的国家战略，结合"立德树人"的现代教育理念，强调了信息技术教育重要的地位。当然，从课程标准到教学实施总会存在这样或那样的落差，在课程标准实施过程中，需要重构信息技术教学模式，实现从重知识讲授、重计算机操练，转变为重视学生利用信息技术解决能力的提升和信息素养的全面综合教育。

在新的信息技术教育目标和任务要求下，加强青少年信息素养刻不容缓，这不仅体现在重新打造中小学信息技术教育的内容体系刻不容缓，还体现在建设专业的中小学信息技术课程的教师队伍刻不容缓，更体现在中小学建设相关的实验和实践场所刻不容缓。

［1］杨晓哲.五维突破：互联网+教育［M］.北京：中国工信出版集团，2016.

［2］张山.全球信息数据量逐年猛增［DB/OL］.［2019-3-8］http://finance.sina.com.cn/roll/2016-08-05/doc-ifxutfpc4491744.shtml.

［3］托马斯·库恩.科学革命的结构［M］.金吾伦，胡新和，译.北京：北京大学出版社，2011.

［4］李亿豪.互联网+：创新2.0下互联网经济发展新形态［M］.北京：中国财富出版社，2015.

［5］杨旭，汤海京.数据科学导论［M］.北京：北京理工大学出版社，2017.

［6］维克托·迈尔-舍恩伯格，等.大数据时代：生活、工作与思维的大变革［M］.盛杨燕，周涛，译.杭州：浙江人民出版社，2013.

［7］熊璋.警惕"大数据傲慢".［EB/OL］.［2019-05-01］.http://it.people.com.cn/n/2015/0701/c1009-27234818.html.

［8］梅宏.夯实智慧社会的基石［J］.中国科技奖励，2018(11)：6.

［9］熊璋.加强青少年信息素养教育的重要意义［J］.国家治理周刊，2016(01)：41-45.

［10］ESTHER S GRASSIAN, JOAN R KAPLOWITZ. Information Literacy Instruction: Theory and practice［M］. New York: Neal-Schuman Publishers, Inc, 2009.

［11］［美］尼尔·波斯曼.娱乐至死［M］.桂林：广西师范大学出版社，2009.

[12] Marc Prensky. Digital Natives, Digital Immigrants [EB/OL].[2019-05-01].http://www.marcprensky.com/writing/Prensky%20-%20Digital%20Natives,%20Digital%20Immigrants%20-%20Part1.pdf.

[13] 任友群,李锋,王吉庆.面向核心素养的信息技术课程设计与开发[J].课程·教材·教法,2016(7):56-61.

[14] 中华人民共和国教育部.普通高中信息技术课程标准[M].2017年版.北京:人民教育出版社,2018.

[15] 李锋,王吉庆.计算思维:信息技术课程的一种内在价值[J].中国电化教育,2013(8):19-23.

[16] 彼得·丹宁,等.伟大的计算原理[M].罗英伟,等译.北京:机械工业出版社,2017.

[17] 中华人民共和国教育部.教育部关于印发《教育信息化2.0行动计划》的通知[EB/OL].[2019-05-01].http://www.moe.gov.cn.

[18] NAGER A. The Case for Improving U.S. Computer Science Education (2016)[EB/OL].[2018-05-01].http://www2.itif.org/2016-computer-science-education.pdf?_ga=1.142476337.2022542414.1464711759.

[19] 阿尔帕斯兰·沙欣.基于实践的STEM教学模式[M].赵中建,等译.上海:上海科技教育出版社,2016.

[20] 任友群,黄荣怀.高中信息技术课程标准修订说明[J].中国电化教育,2016(12):1-3.

[21] 中华人民共和国教育部.普通高中信息技术课程标准(2017年版)[M].北京:人民教育出版社,2018.